NOTICES HISTORIQUES

SUR LA VILLE

DE LIMOUX.

PRÉFACE.

La plupart des faits qui composent ces notices, tombés dans l'oubli depuis des siècles, ont été extraits des titres et pièces déposés aux archives de l'hôtel de ville; mais ces documens, qui doivent attirer d'abord notre attention, ne remontent pas à des temps très-reculés. Sous la féodalité absolue, la ville de Limoux, comme toutes celles de la province, était privée d'archives; il a fallu fouiller les abbayes voisines pour y puiser des preuves de son existence et le peu de faits qui la concernent durant cette première période. Le plus ancien titre que nous possédons, le seul devers nous, qui puisse attester la domination des anciens Comtes de Razez, est un diplôme de Roger de Béziers, portant concession de priviléges, de l'année 1192. Mais après la guerre des Albigeois et pendant le cours des 13.e et 14.e siècles, les documens se montrent en abondance : ce sont des diplômes des nouveaux seigneurs, des chartes royales confirmatives, des lettres des sénéchaux de Carcassonne et des gouverneurs de la province, et principalement des actes civils, tels que sentences arbitrales, mémoires, enquêtes, procurations, citations même; ils sont tous écrits en latin, sur parchemins bien conservés, en caractères très-lisibles. Leur nombre, leur variété et leurs objets attestent assez par eux-mêmes que notre ville était alors importante. J'ai eu le soin, dans le cours de cet ouvrage, de rapporter, en forme de notes et comme pièces justificatives, ceux ou partie de ceux qui offraient le plus d'intérêt; et à l'égard des autres, que leur étendue ou leur peu de rapport avec mon sujet ne m'ont point permis de transcrire, il suffira d'en faire ressortir les caractères singuliers.

Ainsi je me plais à signaler un rouleau de parchemin, contenant un mémoire rédigé, en 1288, par six professeurs ou docteurs en droit, au nombre desquels figurent Pierre et Guillaume de Ferrière (*de Ferreriis*), nom devenu depuis célèbre dans la jurisprudence. Ils y traitent la question de savoir si les habitans de Limoux ont des usages dans la forêt de Malet ou de Crausse, et si, pour les exercer et repousser la violence, ils ont le droit de prendre les armes; ils citent fréquemment les lois de Justinien et les décrétales appelées *extrà*, et invoquent comme autorité la *Somme d'Osti*, autrement d'Henri de Suze, jurisconsulte de ce siècle, surnommé la *splendeur du droit*. Ce mémoire, écrit avec beaucoup d'ordre et de précision, est suivi des avis émis individuellement par les rédacteurs et certifiés par l'apposition de leurs sceaux, en cire bleue ou rouge, sur lacs de fil ou de parchemin.

Je ne puis non plus passer sous silence des mémoires relatifs à une contestation fort grave, soulevée entre les consuls de Limoux et les religieuses du monastère de Prouille, au sujet du moulin de la Boucarie. Ces écrits, remarquables par la pureté et même par l'élégance du style, sont des années 1327 et 1328; ils m'ont été d'un grand secours pour décrire l'état de notre ville à cette époque.

En 1292, on voulut assurer par l'écriture le maintien des priviléges et franchises; ils furent traduits du latin en langue romane, et copiés, avec beaucoup de soin, par Guillaume Pauli, prêtre, dans un volume in-4.°, en vélin, relié en bois avec basane, à timbre sec et fermoir en cuivre. On transcrivit, dans un second volume de même forme, les ordonnances des consuls sur la leude, le prix du pain et autres réglemens de police, ainsi que les accords passés avec le prieur du monastère de Prouille. Leurs feuilles sont surchargées, au lieu de vignettes, de notes d'époques diverses, destinées à rappeler le souvenir de quelques faits mémorables, ainsi qu'à constater les élections consulaires durant le 15.ᵉ siècle et le commencement du 16.ᵉ

Le sac et l'incendie de la ville, de l'année 1355, avaient fait disparaître les registres de la Cour de Justice et les livres des tabellions. On verra que des lettres du gouverneur de la province, et plus tard de Charles, fils aîné du roi, chargèrent d'en rappeler la mémoire par tous les moyens mis en usage en pareille occurrence. Mais les archives de la ville ne reçurent aucune atteinte. Peut-être que les titres, qui existent encore, furent enfouis ou transportés en lieux de sûreté.

On continue, depuis, à faire usage du parchemin ; mais l'écriture est négligée ; la langue française commence à s'introduire, quoique le patois soit employé dans la plupart des actes, tels que les décisions judiciaires et les ordonnances des consuls. On peut s'en assurer par une copie du registre contenant les sentences criminelles rendues, pendant le 15.ᵉ siècle, par le corps des prud'hommes.

Cependant, vers le commencement du 16.ᵉ siècle, nos archives s'enrichissent de nombreux documens. Alors apparaissent, avec les compoids ou cadastres, les registres des délibérations émanées du conseil de la ville. Ces registres, qui ne laissent rien à désirer durant les deux derniers siècles, sont mal tenus dans le principe, ayant même leurs feuilles déchirées en plusieurs points, notamment dans la partie relative aux troubles religieux. Mais, pour nous indemniser de ces pertes, il reste, de ces temps, une copieuse correspondance dans laquelle on a à remarquer des lettres du vicomte de Joyeuse, du duc de Montmorency, du marquis de Mirepoix et d'autres personnages de marque.

A tout cela il faut ajouter des tas de pièces isolées, touchant divers objets, telles qu'arrêts du Parlement, de la Cour des comptes et des aides; procès-verbaux des élections consulaires, dossiers d'affaires, etc. En 1749 on voulut les mettre en ordre : des commissaires, nommés par le conseil, lui rapportèrent qu'il ne leur avait pas été permis de déchiffrer trois cent soixante-seize pièces. Leur travail incomplet fut repris en 1768, et bientôt après abandonné de nouveau.

On a cru long-temps que le vandalisme révolutionnaire, qui détruisit tant de choses, avait livré aux flammes les anciens titres; mais, sauf quelques diplômes, qui devinrent la proie de la curiosité ou de l'ignorance, et qui certes sont à regretter, tous ces parchemins, témoignages précieux de notre moyen âge, étaient enfouis, pêle-mêle, au fond de vieilles armoires, sous des tas de papiers; ils m'apparurent avec tous les signes de leur ancienneté, couverts d'une couche poudreuse ou plutôt d'une vase jaunâtre et très-adhérente, ce qui m'a porté à penser qu'à une époque, où ils étaient déposés dans une salle basse de l'hôtel de ville, ils furent submergés par l'effet d'un débordement de l'Aude.

Tels sont les élémens sur lesquels j'ai porté mes investigations. J'ai été, pour ainsi dire, le témoin des évènemens dont je donne la relation. J'ai manié les chartes de St.-Louis et de ses successeurs; les diplômes des seigneurs du Rasez et de Limoux; les actes des consuls et des officiers royaux. J'ai pu juger de ce zèle que nos pères témoignaient pour les affaires publiques; je les ai vus : délibérant au conseil, rendant la justice, dirigeant des travaux utiles, sollicitant la concession ou le maintien de leurs priviléges et franchises.

Or, voici le résultat de mes recherches :

Après avoir fixé l'état de cette contrée, au 9.e siècle, et jeté un coup-d'œil rapide sur les anciens comtes de Rasez, je me hâte d'arriver à l'affranchissement de notre ville, qu'elle dut à ses vicomtes et qu'elle reconnut par un dévouement sans bornes durant la guerre des Albigeois.

Avec la venue des nouveaux seigneurs, les désordres naquirent, au point qu'après une possession, non sans trouble, durant un demi-siècle, ces étrangers furent contraints de céder leurs droits au Roi et de se retirer. Réunie à la couronne, la ville jouit bientôt après de ses priviléges; sa population s'accrut; son industrie prospéra, et tout semblait la favoriser, lorsque, tout-à-coup, vers le milieu du 14.e siècle, elle périt par la peste, par les taxes, par le pillage et le feu de l'ennemi.

Dès cette époque, nous la voyons se traîner avec peine sous le poids des exactions, et se débattre contre les atteintes portées à ses libertés. Il faut deux siècles pour réparer ses pertes. Son industrie redevient florissante; mais trente années de guerre civile et la peste de 1631 étouffent cet essor, et la plongent de nouveau dans la détresse.

Avec le retour à l'ordre, tandis qu'elle acquiert une sénéchaussée, qu'elle est dotée d'établissemens utiles, qu'elle se relève de ses désastres, elle perd ses institutions municipales, et c'est ainsi qu'elle arrive à la réorganisation sociale de 1789.

Peut-être que ces notices seront utiles à mes concitoyens. Pour ceux qui tiennent les rênes de l'administration municipale, quels que soient leurs droits à l'estime et à la considération publique, ils seront portés à bien faire par l'exemple de leurs devanciers, et tous se convaincront qu'avec les bienfaits de la paix et une bonne police, une ville industrielle est toujours dans une voie ascendante, tandis que la guerre civile devient la source des plus grandes calamités. D'ailleurs, un sentiment aussi vif que naturel nous attache si puissamment à la ville natale, à notre petite patrie, que tout ce qui la concerne, hommes et choses, inspire de l'intérêt. Ce sera donc avec quelque satisfaction qu'on apprendra : comment ont vécu nos pères; par quels efforts ils ont acquis et conservé des institutions auxquelles ils se sont montrés si attachés; avec quel zèle ils ont orné la ville d'établissemens dont nous jouissons encore, et l'ont décorée d'édifices qui exigeraient bien au-delà de nos ressources, et, ce qui est plus louable encore, avec quel dévouement ils ont prévenu ou réparé des malheurs publics, effets inévitables des perturbations du royaume ou des fléaux qui, trop souvent, ont désolé l'humanité.

Si l'histoire générale est la leçon des hommes d'État, les annales des villes instruisent les peuples; et, certes, ce n'est pas sans raison que dans ce siècle, où l'on s'occupe tant d'intérêts populaires, le Gouvernement encourage les amis des sciences historiques à explorer les archives des villes et des communes.

Ces motifs m'ayant enhardi à publier ces notices, je les soumets avec humilité à la bienveillance des lecteurs.

NOTICES HISTORIQUES

SUR

LA VILLE DE LIMOUX.

CHAPITRE I.

Du Comté de Rasez, de Redas, Flacian et Limoux.

Cette contrée, qui a reçu dans les temps modernes le nom de *Rasez*, et dont Limoux devint la ville principale, était comprise antérieurement dans cette partie des Gaules qu'occupaient les Volces - Tectosages. Quelques historiens ont donné à ses habitans la dénomination spéciale d'*Elesyces*; d'autres celle d'*Atacins*, du nom de la rivière d'Aude (Atax), qui descend des Pyrénées et se jette dans la Méditerranée. On n'a pu rien apprendre sur ce peuple, durant même la domination des Romains. Pline, qui a décrit la Province Narbonnaise (1) avec autant de soin que l'Italie même, place chez les Tectosages, avec la cité de Carcassonne, plusieurs villes qui ont disparu, ou qu'il n'est plus permis de reconnaître. Des siècles s'écoulent. Les Visigoths établissent leur empire dans la Narbonnaise, qui prend le nom de Septimanie, et, après des siècles encore, ils cèdent à la valeur des Francs, et s'effacent entièrement dès l'apparition des Sarrasins. Ces peuples arabes, sortis de l'Afrique, après avoir envahi l'Espagne, voulurent s'établir dans la Septimanie; tour-à-tour vainqueurs et vaincus, ils y portèrent la désolation. Leur nom a été transmis d'âge en âge, et le peuple leur attribue, par une confusion naturelle, les diverses guerres qui depuis ont affligé cette contrée.

---

(1) Histoire naturelle, liv. 3, chap. 5, n.° 4.

En ces temps, Charlemagne recula les bornes de son empire jusqu'aux bords de l'Èbre. Afin de veiller plus facilement à la garde de ses conquêtes, il divisa les diocèses de cette frontière en plusieurs gouvernemens ou comtés. Le comté de Rasez fut alors démembré du diocèse de Narbonne; néanmoins il ne cessa d'en dépendre spirituellement, ce qui fut cause que les archevêques de Narbonne se qualifièrent, pendant quelque temps, archevêques de Narbonne et de Rasez. Dès le principe il était très-étendu; il comprenait ce qu'on appela plus tard le haut et le bas Rasez, les pays de Sault, de Fénouilledes et de Pierre-Pertuse, le Donasan et le Capsir; il était borné à l'orient par le comté de Narbonne, à l'occident par celui de Toulouse, au septentrion par celui de Carcassonne, au midi il touchait à l'Espagne par le Roussillon, le Conflans et la Cerdagne. (1)

Ce comté tenait son nom du château ou cité de *Redas*, *Redæ* ou *Redde*, qui en devint la Capitale. On n'a pas été d'accord sur sa situation; les écrivains les plus circonspects, ar-

---

(1) Hist. gén. du Languedoc, t. II, Preuves, pag. 258.

rêtés par les difficultés, se sont bornés à dire que ce lieu avait cessé d'exister depuis long-temps; d'autres ont cru le reconnaître dans cet ancien château assis sur une colline voisine de la ville actuelle de Limoux, et rasé en 1209 par Simon de Montfort; de nos jours, un archéologue distingué a publié que les Bains de Rennes avaient droit de revendiquer ce titre (1); d'autres enfin estiment que *Redas* ou *Redde* est aujourd'hui le village de Rennes, situé dans le Haut-Rasez. Cette dernière opinion est devenue positive : d'abord il ne faut pas croire que la cité de Redde aurait été détruite dans des temps reculés; il en est fait mention dans le titre d'assignation de 1231, en faveur de Pierre de Voisins (2), dans le traité du 11 mai 1258, entre Louis IX, roi de France, et Jacques, roi d'Aragon (3), et même dans un acte de partage de la Seigneurie de St.-Eugène dans le Haut-Rasez, entre le

(1) Journal des Bains de Rennes, année 1819, pag. 19, Lettre de M. du Mège.

(2) Hist. gén. du Languedoc, t. III, Preuves, p. 365.

(3) In Redis et Redes..... In Reddis et Reddesio. Hist. de Carcass. par le père Bouges, Preuves, p. 562.

seigneur de Granes et le seigneur de St.-Ferréol, du 25 mars 1523 (1). Ce n'était donc pas le château de Limoux, rasé en 1209, puisque, bien après cette époque, Redde, d'après ces mêmes titres, existait encore; ce n'était pas non plus les Bains de Rennes, car dans une transaction de 1307, passée entre le Seigneur et les habitans de Bugarach, on distingue les Bains des lieux de Limoux et de Redde (2). Le village de Rennes est l'ancienne Redde; son nom, qui était *Regnes* (3) il y a deux siècles, n'en diffère que par la substitution de deux consonnes; il occupe un plateau vaste et élevé, dont les avenues sont difficiles; il conserve des fragmens de fortifications anciennes, et se

---

(1) « In præsentiâ et testimonio providorum virorum... » ..... Guillelmi Rodusio, sartoris, loci de *Reddis*. » MS.

(2) « Acta fuerunt hæc apud Cadaronam...... In præ- » sentiâ...... Villelaury, jurisperiti de Limoso; Domini » Guillelmi de Cruce, presbiteri de Esperazano; Fer- » randi de Campossino, domicelli de Sancto-Ferreolo; » petri Vastanis, servientis de *Redde*; Bernardi de Aqui- » laco, servientis de *Valneis*; etc. » MS.

(3) « Pierre de Hautpoul, seigneur et baron de » *Regnes*. »

Contrat de mariage du 10 juillet 1640.

trouve environné de débris immenses de constructions; on y découvre parfois des médailles et des restes d'édifices antiques; son territoire est traversé par l'ancien chemin de Roussillon, qu'on croit avoir été une voie Romaine; enfin, dans son voisinage, se trouvent les Bains de Rennes, aussi remarquables par les objets d'antiquité qu'on y a découverts, que par la vertu de leurs eaux thermales (1). Si on a recours à la tradition, elle apprend que là existait jadis une ville considérable. Du reste, divers actes prêtent utilement leurs secours à mon opinon : ainsi, dans l'assignation de 1231, en faveur de Pierre de Voisins, le Sénéchal de Carcassonne lui délivre, outre la ville de Limoux, Redde, qui, après Limoux, était le lieu le plus important du Rasez; les lieux de Caderonne, Couïza, Bugarach, Montferran, Coustaussa, Blanchefort, Sougragnes, Luc, Belcastel, etc. Tous ces villages existent encore; ils sont situés dans le haut Rasez; ils sont contigus les uns aux autres; ils environnent, de toutes parts, le village de Rennes,

(1) Journal des Bains de Rennes, ann. 1819. Mémoire de M. Delmas, curé de Rennes, de l'ann. 1709, ms.

qui dès-lors doit être l'ancienne Redde, à moins qu'on ne préfère soutenir que Redde a disparu depuis le 16.e siècle, et que le village de Rennes, enclavé dans les lieux assignés à Pierre de Voisins, ne fit point partie de l'assignation. A tout cela j'ajoute une preuve décisive, puisée dans la transaction de 1307, dont j'ai déjà parlé : Le territoire de Bugarach se trouve actuellement limité, au septentrion et au couchant, par les terres de Sougragnes, par celles des Bains de Rennes, qui fesaient autrefois partie de Montferran, par la vallée dépendante du village de Rennes, et par les terres du Bézu. Or, en 1307, Piere de Voisins accorde aux habitans de Bugarach des droits d'usages sur les bords de la rivière de Sals, sous la réserve des droits revenant aux habitans de Sougragnes, de Montferran, *de la vallée de Redde* et du Bézu (1). En rapprochant les

---

(1) « Et quod custodes dictorum animalium possint et » valeant facere ignem, jagudas et asturales, ad opus sui » Besterii, et recipere ligna proùt eis fuerit necessarium » ad faciendum ignem, circum aquam salsatam prædictam, » usquè Bugarachium, retentis tum et exceptis juribus et » directis hominum villarum de Sogragnâ, Montisferrando, de valle dicto de Redde et de Albedino. »

limites anciennes des modernes, il n'est donc plus permis de douter de la position de Redde.

Il paraît que Redde était un lieu assez important ; car, en 798, Leydrade, archevêque de Lyon, et Théodulphe, évêque d'Orléans, ayant été députés dans la Septimanie pour y rendre la justice, il est dit dans la relation, que Théodulphe a laissée de son voyage, que de Carcassonne ils vinrent à Redas (1). Il en est aussi fait mention dans de nombreux actes postérieurs, sous le nom de château ou de cité de Redas, que l'on y considère comme la capitale du Rasez ; mais, deux ou trois siècles après, son nom cesse d'être au premier rang et tombe enfin dans l'oubli.

Il faut fixer à cette époque l'origine des monastères du Rasez, dont les dotations furent dues à la piété de quelques riches particuliers et aux bienfaits des Princes contemporains. Ainsi existaient déjà les abbayes de St.-Paul-de-Fenouilledes, de Cubières, de Joucou et de St.-Policarpe.

Limoux existait aussi ; il en est fait men-

(1) « Indè revisentes te, Carcassonna, Redasque,
» Mænibus inferimus nos citò, Narbo, tuis. »

tion, pour la première fois, dans un diplôme de Charles le Chauve, en faveur de l'abbaye de St.-Hilaire, du mois de juillet 854. On a dit que Limoux était alors un château assis sur une hauteur voisine, et qu'après sa destruction, par Simon de Montfort, ses habitans, transférés dans la plaine, fondèrent, en 1209, la ville actuelle. Pour combattre cette erreur, aujourd'hui accréditée, je me propose d'établir que, dans le principe, une ville, dont je rechercherai le nom, occupait le haut de la colline; que cette ville ayant été détruite, Limoux fut bâti dans la plaine bien avant le 13.e siècle; mais qu'il resta sur la colline une forteresse, laquelle fut rasée durant la guerre des Albigeois.

Au septentrion, et à quatre cents mètres environ de la ville, s'élève une colline très-escarpée des côtés du midi, du levant et du nord, au pied de laquelle coule la rivière d'Aude; son plateau comprend dans ses ondulations cent trente-quatre mille huit cent vingt mètres carrés. C'est là qu'en fouillant on trouve partout des traces de construction. Le sol, quoique cultivé, est parsemé de pierres taillées, de débris de tuiles et de gros caillous étrangers à la roche de la montagne. Vers la partie méridionale on remarque quatre silos creusés dans le roc d'environ deux mètres de profondeur sur un mètre d'ouverture; il en existe vers le nord deux en partie comblés, et un troisième parfaitement conservé, mais ouvert par le côté; souvent même, après de fortes pluies, des affaissemens de terrain en découvrent d'autres que la culture fait bientôt disparaître. Tels sont les seuls vestiges d'antiques habitations. Mais, si la tradition peut être de quelque secours, elle est consignée dans des actes que renferment les archives de la commune. On lit, en effet, dans les qualités d'un arrêt rendu par le parlement de Toulouse, en 1546 : « Qu'à l'endroit de la ville de Limoux » y avait une autre belle ville communément appelée *Ribes-Hautes de Montfort*, » laquelle, qui était limitrophe et confrontait d'Espagne et de Roussillon, avait été » détruite et arrasée par les ennemis; à cause » de quoi les habitans de ladite ville de Ribes-Hautes avaient été contraints de faire édifier » *ladite ville de Limoux*, qui est à présent » dans la vallée sur la rivière d'Aude et au-dessous de ladite ville *de Ribes-Hautes*. »

Cette opinion est confirmée par une note écrite en langue romane, dans un manuscrit contenant les priviléges de la ville; elle nous apprend que, la ville sise sur la hauteur ayant été détruite, ses habitans vinrent s'établir sur les rives de l'Aude; qu'ils périrent en grande partie par l'effet d'une inondation; que ceux qui se sauvèrent, étant retournés sur la colline, revinrent, après une seconde destruction, dans la plaine, et fondèrent la ville de Limoux (1).

Ces documens, étayés de l'état actuel des lieux, et, comme on le verra, de titres posi-

---

(1) « L'an MIL CLXB (1165), foc distruda la villa qué » era al Puey. »

» L'an MIL CLXXIIII (1174), néguec la una partida de » la gent qué se era alogoda al Plà de Flassa aprés la dita » déstruction. »

« L'an MIL CLXXBII (1177), les qué scapéron del dit » diluvi torneron basti al Puey. »

« L'an MIL CXC (1190), foc distruda, autra bagada, » la villa del Puey. »

« BII (1197), Lymos foc assictat et bastit là ount » eron anax. » Antépénultième feuille du volume, en vélin, contenant les priviléges de la ville.

Ces documens portent évidemment des dates trop modernes.

tifs, placent une ville sur la colline ; mais ces documens ne lui donnent pas le nom de Limoux, ils ne le donnent qu'à la ville bâtie dans la plaine ; et, puisqu'il est fait mention de Limoux dans le diplôme de Charles le Chauve, la ville actuelle existait déjà au 9.e siècle.

Du reste, bien avant la venue de Simon de Montfort, il est certain que Limoux occupait le même emplacement qu'aujourd'hui, alors qu'il existait sur la colline une forteresse, comme l'attestent des titres authentiques des 10.e et 12.e siècles. Ainsi, en 982, une bulle de Benoit, pape, en faveur de l'abbaye de St.-Hilaire, distingue parfaitement le bourg de Limoux de la forteresse (1). Ainsi dans un acte de 1150, il est fait mention de jardins, qui s'étendent depuis la forteresse jusqu'à Limoux ; et ce passage indique des potagers encore aujourd'hui en culture (2).

---

(1) « Ecclesias, quæ in vico Limoso et gardiâ, cum ecclesiâ Santi-Petri. »

Hist. gén. de Lang., t. II, Preuv., p. 136.

(2) « Et ortum Guillelmi Corona, cum omnibus aliis ortis qui sunt ab ipsâ fortiâ usque ad portam foronam. »

Hist. gén. de Lang., t. II, Preuv., p. 539.

Mais quel était donc le nom de cette ville, et plus tard de cette forteresse, située sur la colline? La tradition, attestée par l'arrêt de 1546 et conservée de nos jours, porte que vulgairement elle était appelée *Ribes-Hautes de Montfort;* mais son vrai nom était *Flacian* ou *Flaçan.* Il existait, en effet, tout près de Limoux un lieu appelé de ce nom; ainsi, en l'année 1011, Roger, comte de Rasez, donna à l'abbaye de St.-Hilaire certains alleux, situés dans le territoire de la ville de Limoux et dans le territoire de la ville de *Flacian* (1).

La ville de Flacian occupait le haut de la colline; en voici la preuve: En 881, Carloman concéda à l'église de St.-Just, de Narbonne, la ville de Limoux, avec ses églises de Ste.-Eulalie et de Flacian (2). En 899, Charles, frère de Carloman, confirma cette concession dans les mêmes termes; mais, lorsqu'en 982, le pape Benoit

(1) « In comitatu Redensi, in ajacentiâ de vico, vel in » villâ quæ vocatur *Limoso*..... Et in alio loco in villâ » quæ vocant *Flaciano.* »

Hist. gén. de Lang., t. II, Preuv., p 166.

(2) « Villam, quæ dicitur Limosus, cum suis ecclesiis » Sanctæ-Eulaliæ atque Flaciano. »

Hist. gén., t. II, Preuv., p. 18.

confirma la donation, faite par Roger, des églises de Limoux, à l'abbaye de St.-Hilaire; la bulle énonce non plus les églises de Limoux et de Flacian, mais bien les églises de Limoux et de sa forteresse, ce qui était identique (1). D'ailleurs, au pied de la colline s'étend une plaine qui a conservé le nom de *Flaçan*; et ce qui met fin à toute difficulté est le document suivant : Lorsque le château existant sur la colline fut détruit de nouveau, en 1226 (2), les habitans de Flacian et de Limoux ne formèrent qu'une seule université. C'est ce que nous apprend un diplôme, consenti, en 1257, par Guillaume de Voisins, seigneur de Limoux, et confirmé, la même année, par une charte de St.-Louis, dans laquelle la ville est désignée sous le double nom de *Limoux et Flacian* (3).

---

(1) « Ecclesias, quæ in vico Limoso et gardiâ, cum » ecclesiâ Santi-Petri. »

Hist. gén., t. II, p. 136.

(2) Voyez la note de la pag 15.

(3) « Ludovicus, Dei gratiâ francorum Rex, etc....... » Noverint universi..... Quod nos Guillelmus de Vicinis, » miles, in parte dominus villæ Limosi..... Solvimus et » quittamus nunc et in perpetuum vobis Bernardo de » Barbe-Rubeo, presbitero; Johanni Lupo, clerico; Ge-

Ainsi, des preuves authentiques démontrent que, tandis que Flacian occupait le haut de la colline, Limoux était situé sur les bords de l'Aude.

Les écrivains, qui, confondant ces deux lieux ou plutôt méconnaissant l'existence de Flacian, ont placé Limoux d'abord sur la hauteur et plus tard dans la plaine, se sont fondés sur quelques passages obscurs d'une décision, rendue en l'année 1255, rapportée dans l'histoire générale de Languedoc (1). Cet acte n'est

---

» raldo Aprili, Petro-Ramundi Falco, procuratoribus seu » syndicibus totius universitatis villæ de Limoso et Fla- » ciano. »

Archives.

(1) « Consules de Limoso, etc..... Objicitur, quod villa » de Limoso, cum universitate ipsius, fuit contrà comi- » tem Montisfortis et contrà Ecclesiam, et, ob hoc, » dictus comes fecit villam dirui de podio et misit eam » in plano; et hoc fuit in primo adventu gallicorum. » Præthereà dicta villa, cum hominibus ipsius, fuit iterùm » contrà dictum comitem Montisfortis; et reædificarunt » villam in fortalicio podii, quandò comes incipit amit- » tere terram istam, et receperunt Izarnum Jordani co- » mitem Fuxi et alios hostes, necnon et hæreticos quam- » plurimos, qui ibi publicè manserunt, et sua domicilia » tenuerunt. Posteà, cum Rex venisset ad Avinionem,

pas digne d'inspirer une grande confiance : il y est dit que les habitans de Limoux reçurent dans leurs murs Izard Jourdain, comte de Foix;

» ad adquirendum terram istam, dicta villa et universi-
» tas ipsius opposuerunt se d. Regi et adhæserunt d. co-
» miti Fuxi, et vicecomiti, et aliis hostibus ejus, reci-
» pientes eos, et gravem guerram d. Regi et suis fece-
» runt. Quarè, cum venirent ad misericordiam d. Regis
» et revocarentur ad pacem, villa de Limoso fuit diruta
» de fortaliciis montis et mutata in planum; et ad do-
» mandum malitias eorum, et in pænam forefactorum,
» quæ fecerunt contrà d. Regem, et contrà Ecclesiam, et
» in pœnam criminum prædictorum, tailla annualis cc
» libr. Melgor fuit imposita distæ uuiversitati, in perpe-
» tuum solvenda, quam, à dicto tempore usque nunc,
» xxviii anni sunt, vel circà, annuatim persolverunt;
» et possessiones suas seu prædia, in quibus dicta villa
» fuit mutata, remanserunt confiscata propter dicta fo-
» refecta. Posteà, in guerrâ d. Trencavelli, dicta villa
» de Limoso et universitas ipsius villæ opposuerunt se d.
» Regi, et adhæserunt d. Trencavello et aliis hostibus
» d. Regis et Ecclesiæ, committendo, in majestatem d.
» Regis et d. P. de Vicinis et filiorum ejus; et totum
» malum, quod potuerunt, eis fecerunt, in obsidendo
» civitatem Carcassonnæ et aliter in omnibus, contrà
» juramentum fidelitatis, quod eis præstiterant, temerè
» veniendo; quarè omnia bona ipsorum fuerunt com-
» missa, et si quod jus habebant in libertate taillæ ac

tandis que Bernard Jourdain, non Izard, était seigneur de l'Ile-Jourdain et non pas comte de Foix. D'ailleurs, comment croire qu'en 1209 la ville entière ait été détruite pour avoir résisté à Simon de Montfort, lorsqu'au contraire, après le prise de Carcassonne, ses habitans se soumirent volontairement à lui (1) ; qu'ils en obtinrent la confirmation de leurs priviléges (2), et qu'après sa mort ils adressèrent des lettres de condoléance à Amauri, son fils (3);

» in solo, in quo villâ nunc est ædificata, vindicandis, » illud amiserunt propter forefacta et crimina suprà » dicta; et si propriis culpis ad casum hujus servitutis » devenerunt, sibi debent imputare; nam grave esset » exemplo et contrarium, si propter tam gravia crimina » de servitute, in quâ erant, acquirerent libertatem. D. » P. de Vicinis. »

Hist. gén. de Lang., t. III, Preuv., p. 518.

(1) « É aussi donec l'ordré (Montfort) à l'autré pays » et terra dé pardessà, la qual sera renduda et donada à » el, coma Limos, là ount trameguet un autré valent » homé et sagé de son quartié, appelat Lambert de » Creichi, local foc capitainé et governado de tota la » dita terra et senhoria del dit Limos. »

Hist. gén., t. III, Preuv., p. 20.

(2) Voyez plus bas, Chap. II.

(3) Hist. gén. de Lang., t. III, Preuves, p. 250.

comment croire que, quelques années après, pour aller s'établir de nouveau sur la hauteur, ils aient démoli leur ville devenue considérable; comment croire enfin que la ville entière ait été de nouveau rasée en 1226, à cause de la révolte des habitans, lorsque, à cette même époque, Mathieu de Mailli, commissaire du Roi, leur promit, au nom du Roi, de les maintenir dans leurs coutumes et priviléges (1). N'est-il pas plus vraisemblable qu'il s'agissait d'une forteresse, et peut-on concilier autrement cet acte avec les actes nombreux et authentiques, qui font expressément mention d'une forteresse distincte, mais tout proche de Limoux? Du reste, ce même acte avait pour objet de contraindre la ville à continuer de payer, à Pierre de Voisins, une taille de deux cents livres; il est signé de celui-là même à qui cette taille revenait, et l'on conçoit que les motifs qui y sont énoncés aient le caractère de

(1) « Cum, tempore comitis Montisfortis, noster dominus tenuit istam villam ad manum suam, dicta tailla non daretur, maximè, cum dominus Matheus de Maillaco eis promiserit, pro domino Rege, confirmandi eis consuetudines et libertates suas omnes. »

Archiv., acte du mois de mars 1261.

l'exagération. Aussi, tandis que Pierre de Voisins s'efforce de justifier la conservation de la taille, nous apprenons, par une pièce authentique, déposée aux archives de l'hôtel de ville, que, six ans après, des commissaires du Roi en signalèrent l'injustice; tellement que les héritiers de Pierre de Voisins firent l'abandon de leurs prétentions (1). Mon opinion doit donc prévaloir; elle recevra même un plus haut degré de lumière en se coordonnant avec le récit des événemens et l'état de la ville, vers la fin du 13.e siècle.

Tout porte donc à penser que la ville de Flacian, qui porte un nom d'origine Romaine, et qui paraît avoir été considérable, occupait le haut de la colline; qu'elle fut ruinée durant les guerres des Sarrasins; que, vers le 8.e siècle, ses habitans bâtirent Limoux, et qu'il ne resta sur la colline qu'une forteresse, qui fut enfin rasée en 1209. Du reste Limoux ne remonte pas à une époque très-reculée; il ne fut pas connu des Romains; il ne renferme aucun monument antique, si ce n'est un pont, construit sur la rivière d'Aude, dont on ignore l'origine.

---

(1) Voyez plus bas, Chap. III.

Enfin sa situation sur les rives de l'Aude, dans un vallon, dominé de toutes parts par des hauteurs, fixe sa fondation à une époque où des mœurs plus douces portèrent les habitans de cette contrée à goûter les commodités de la vie et à se livrer à l'industrie, plutôt qu'à se fortifier, sur des roches arides et escarpées, contre les atteintes des ennemis.

CHAPITRE II.

Des comtes de Rasez et de la guerre des Albigeois.

Avant la domination romaine, le territoire des Gaules était divisé en circonscriptions très-resserrées : ainsi Plutarque rapporte que César y soumit plus de trois cents peuples (1); ainsi, chez les Volces-Tectosages, les *Sardons* occupaient le Roussillon, les *Consuarani* les sources de l'Aude, les *Atacins* les vallées inférieures. Chacune de ces peuplades obéissait à

(1) Vie de César.

un chef (1), dont la puissance était d'ailleurs fort limitée. La conquête des Romains et l'invasion des Barbares anéantirent cet ordre de choses; il renaquit, quoique ayant des caractères différens, avec l'établissement de la féodalité. Nous avons vu que le comté de Rasez fut démembré de celui de Narbonne; Charlemagne y établit des comtes qui furent, du moins plus tard, sous la suzeraineté des marquis de Toulouse. Ces comtes n'étaient, dans le principe, que des magistrats chargés, au nom du Roi, d'administrer, de conduire à la guerre et de rendre la justice. D'abord révocables, plus tard ils se maintinrent à vie, devinrent héréditaires et finirent même par exercer les droits régaliens. Dans les temps postérieurs, en effet, la puissance des rois de France n'était signalée que par la mention de leur règne dans les diplômes des comtes, et, sauf le vasselage, ceux-ci fesaient la guerre, battaient monnaie et affranchirent nos communes. Leurs noms, leur généalogie et leurs gestes présentent des difficultés non encore parfaitement éclaircies. Ces notions sont de peu

(1) Tite-Live, liv. I.er, déca. 3.e

d'intérêt et se ressentent de l'aridité des chartes qui les fournissent; mais, se liant à nos recherches, elles en font essentiellement partie et ne peuvent être passées sous silence.

Au commencement du neuvième siècle, Bera obtint, des bienfaits de Charlemagne, le comté de Rasez. Ce comte et Rumille, son épouse, fondèrent, en 813, l'abbaye de Notre-Dame d'Alet et en firent don, ainsi que du bourg, à Léon III, pape. Il est probable qu'après Bera, Argila et Bera II possédèrent successivement le Rasez. Ce dernier vivait en 844.

Plus tard, Oliba II et Acfred I.er, son frère, comtes de Carcassonne; Wifred le Velu, comtes de Barcelonne, et Miron, son frère, comte de Roussillon, tinrent le comté de Rasez par indivis. Il paraît qu'ils en firent le partage : le pays qui depuis conserva spécialement le nom de Rasez échut à Oliba et à Acfred; tandis que Wifred et Miron acquirent les pays de Fénouilledes et de Pierre-Pertuse, le Donasan, le Capsir et le pays de Sault.

Ce fut en ce temps (881) que Karloman, alors roi d'Aquitaine, donna à l'église de St.-Just, de Narbonne, le lieu de Limoux, avec ses églises de Ste.-Eulalie et de Flacian, ses moulins à farine et les droits que le fisc percevait sur les étrangers, notamment sur les Espagnols. Déjà les relations commerciales de cette ville avec l'Espagne étaient donc établies. Nous verrons qu'elles acquirent plus tard de l'importance.

En 900, Oliba-Bencion était à la fois comte de Carcassonne et de Rasez, et en 927 Acfred lui avait succédé. Ce dernier comte ne laissa qu'une fille nommée Arsinde, laquelle épousa Arnaud I.er, comte de Comminge, et fit passer dans la maison de son époux, les domaines de sa famille.

Arnaud I, qui vivait en 956, laissa plusieurs enfans, entr'autres Roger, comte de Carcassonne et de Rasez, et Eudes, qui prit aussi le titre de comte de Rasez, et qui posséda; ainsi que sa lignée, ce comté, conjointement avec Roger et ses successeurs.

La vie de Roger Ier. est digne d'attention : il eut d'abord à soutenir une guerre contre son suzerain, Guillaume Taillefert, comte de Toulouse; ayant obtenu sur lui quelque avantage, il l'attribua à l'intercession de St.-Hilaire, ancien évêque de Carcassonne; aussi, par reconnaissance fit-il transporter ses restes dans l'abbaye de St.-Saturnin, qui, dès ce jour, prit le nom de St-Hilaire, et les fit déposer dans un magnifique tombeau en marbre blanc, dont la sculpture excite encore aujourd'hui l'admiration des archéologues.

Peu de temps après, des différens bien plus sérieux s'élevèrent : Oliba-Cabreta, comte de Cerdagne, était petit-fils de Wifred le Velu, celui qui avait partagé le Rasez avec les comtes de Carcassonne. Outre des domaines considérables, il possédait le Conflans, le Valespir et le pays de Fenouilledes ; et son courage, joint à sa puissance, le rendait redoutable à ses voisins. On ignore les motifs qui l'irritèrent contre Roger ; peut-être ne put-il souffrir qu'un seigneur de la maison de Cominge tînt les comtés de Carcassonne et de Rasez, qui avaient appartenu à ses ancêtres. Quoi qu'il en soit, en l'année 978, il pénétra, à la tête d'une armée, dans le Rasez, saccageant et brûlant les villes et les villages. Roger, avec tous ses vassaux, vint à sa rencontre et lui livra un combat dans une plaine qu'arrose la petite rivière du Lauquet. Déjà ce comte cédait au choc de l'ennemi, lorsque, ayant invoqué l'assistance de son saint protecteur, tout-à-coup le bruit se répand que St.-Hilaire, couvert d'une robe éclatante, marche à la tête de l'armée. Le courage se ranime. Oliba est repoussé avec impétuosité, et les siens sont massacrés ou se sauvent par la fuite (1). Pénétré de reconnaissance envers son libérateur, Roger donna au monastère de St-Hilaire, avec divers alleux, les églises de Limoux et de Flacian; mais comme elles avaient fait l'objet d'une concession de Karloman en faveur de l'église de Narbonne,

(1) « Cum ergo venisset injustè Oliba, comes, contrà » me, cum exercitu magno, hostiliter, in magnâ fero- » citate et impetu suæ virtutis, et devastasset, in igne et » predâ, super terrâ meâ, omne quod pòtuit; cum ego » Rodgarius, comes, persequerer, non confidens in meâ » virtute, nec in meo auxilio, sed in misericordiâ Domini » speravi, et beatum Christi confessorem Hilarium depre- » catus fui, ut pro meâ victoriâ Dominum deprecari » digneretur. Cum ego reverterer ego Rodgarius, et » omnes meos fideles vidissem incolumes et absque vul- » neris signo, cognovi inimicos meos, mortuos et vulne- » ratos in fugam conversos, intellexi Hilarius almificus » deprecatus pro me Dominum fuit, et ut ferunt non- » nulli, ante me, eum præire viderunt. Spopondi....... »

Hist. de Carcass. par Bouges, Preuv., pag. 520.
Hist. des Comtes de Carcass. par Besse, pag. 76.

pour prévenir les prétentions de celle-ci, étant allé à Rôme en pélérinage, avec Adélaïde son épouse, il obtint, du pape Benoit VII, la confirmation de cet acte de libéralité.

Le combat du Lauquet assura à Roger les domaines qu'il tenait d'Arsinde, sa mère; mais après la mort d'Oliba, un de ses fils Oliba, comte de Thermes renouvela la querelle; il se jeta dans le Rasez et y commit beaucoup d'excès. La guerre s'étant rallumée, Roger éprouva enfin les revers de la fortune; il fut fait prisonnier et retenu durant plusieurs années dans le château de Thermes. De retour dans ses états, par un traité qui est resté ignoré, il ne se livra plus qu'à la piété et à la bienfaisance. Nous apprenons, par un diplôme de l'année 1011, qu'il gratifia l'abbaye de St.-Hilaire de certains alleux situés dans les territoires de Limoux et de Flacian.

Ce comte posséda des domaines considérables. Par un testament, qui est de l'année 1002, il donna à Raymond, son fils, la ville et le comté de Carcassonne, le château de Redas et le comté de Rasez, sauf les droits revenant au comte Eudes, son frère et à Arnaud fils de celui-ci; il laissa à Bernard, son second fils, divers biens et notamment le château et la terre de Foix, qui furent érigés en comté ; il donna les abbayes du Carcassez et du Rasez à Pierre, son troisième fils, qui fut abbé de Lagrasse et évêque de Gironne. Substituant ses domaines aux mâles de sa maison, avec défense de les aliéner à des étrangers. Roger cessa de vivre en l'année 1012.

Il paraît que Raymond, l'aîné de ses fils, était mort avant lui ; il avait épousé Garsinde, fille et héritière de Guillaume, vicomte de Béziers et d'Agde, de laquelle il avait eu deux fils, Pierre-Raymond et Guillaume.

Pierre Raymond fut, par son père, comte de Carcassonne et de Rasez, conjointement avec Guillaume son frère, et par sa mère, vicomte de Béziers et d'Agde ; il épousa Rangarde de la Marche, sœur d'Almodis, comtesse de Barcelonne ; il en eut quatre enfans, savoir : Adélaïde, épouse de Guillaume, comte de Cerdagne ; Garcinde, épouse de Raymond, vicomte de Narbonne ; Roger et Ermengarde. La mort l'atteignit en l'année 1065.

Roger II, son fils unique, jouit de tous ses domaines. On a vu qu'Eudes, frère de Roger I.er, avait des droits sur le Rasez. Après lui, ses droit échurent successivement à Arnaud, son fils, en 1018; à Raymond I.er son-petit-fils, en 1034, et à Raymond II, son arrière petit-fils, en 1065. Celui-ci, privé de postérité, institua Roger II son héritier. On a vu aussi que Guillaume, oncle de Roger II, était comte de Rasez en partie; à sa mort ses droits échurent à Pierre et à Bernard, ses deux enfans. Ces détails étaient nécessaires pour l'intelligence des évènemens postérieurs.

En 1067, Roger II mourut à la fleur de son âge, sans postérité, après avoir disposé, par testament, de tous ses domaines en faveur d'Ermengarde sa jeune sœur, sous l'administration de Rangarde, sa mère. Cette disposition fut la source de longs et graves démêlés. Roger I.er avait voulu que ses domaines fussent possédés de mâles en mâles et ne passassent pas en des mains étrangères. Ermengarde ne pouvait donc pas hériter des comtés de Carcassonne et de Rasez. Pierre et Bernard, fils de Guillaume, comte de Rasez en partie, et petits-fils du comte Raymond, avaient des droits incontestables; mais, sans force et sans crédit, ils ne pouvaient les faire valoir. D'autre part, le dixième des domaines, délaissés par Pierre

Raymond, revenait, à titre de douaire, à Rangarde, sa veuve; d'autre part encore, Garsinde, épouse du vicomte de Narbonne, et Adélaïde, épouse du comte de Cerdagne, sœurs d'Ermengarde, lui disputaient cet héritage; mais le plus redoutable des prétendans était Roger, comte de Foix, petit-fils de Roger I.er; il revendiqua les comtés de Carcassonne et de Rasez, et tenta même d'en prendre possession par la force des armes. Dans cette situation fâcheuse, Ermengarde et son jeune époux Raymond-Bernard Trencavel, vicomte de Nîmes et d'Alby, eurent recours à une puissante protection: Par deux actes simulés, du mois de mars 1067, ils vendirent les comtés de Carcassonne et de Rasez à Raymond Béranger, comte de Barcelonne, et à Almodis, son épouse; et ceux-ci, le même jour, leur rétrocédèrent, en fief et hommage, le Carcassés, sous la réserve de la cité de Carcassonne et de ses faubourgs. Alors Rangarde, mère d'Ermengarde, irritée sans doute de ces actes, céda les droits qu'elle avait sur le Rasez à Guillaume, son gendre, comte de Cerdagne. Mais, bientôt après, on mit fin à toutes ces querelles: Garsinde, vicomtesse de Narbonne, avait déjà réglé son différent avec

Ermengarde, sa sœur; Adélaïde et Guillaume comte de Cerdagne, les comtes Pierre et Bernard, cédèrent leurs droits au comte et à la comtesse de Barcelonne; le comte de Foix demeura dans l'inaction, et le calme s'étant rétabli, le comte et la comtesse de Barcelonne inféodèrent les comtés de Carcassonne et de Rasez à Ermengarde et à Raymond Trencavel. Par là, ceux-ci conservèrent le domaine utile avec les titres de vicomte et de vicomtesse; tandis que Raymond Béranger et Almodis devinrent comte et comtesse de Carcassonne et de Rasez, sous la suzeraineté des comtes de Toulouse.

Le comte de Foix ne pouvait se méprendre sur la nature de ces accords; aussi renouvella-t-il ses entreprises. C'est ce qui porta Ermengarde et Trencavel à consentir, en 1070, une nouvelle aliénation en faveur de Béranger et d'Almodis; mais, cette fois, elle fut suivie d'une tradition réelle. Dès-lors le comte de Foix, perdant tout espoir, abandonna ses prétentions injustes par une transaction à la date de 1074. Cet acte prouve, qu'en 1067, comme en 1070, Ermengarde et Trencavel n'avaient entendu céder au comte de Barcelonne que la suzeraineté; ils devaient donc rentrer dans la possession de leurs domaines. Or, voici ce qui advint:

Trencavel mourut, laissant pour unique héritier, sous la tutelle d'Ermengarde, Bernard Atton, son jeune fils. Abusant de sa minorité, Raymond Béranger, comte de Barcelonne, excité par l'ambition d'Almodis, son épouse, retint, posséda et transmit ses domaines à Raymond Béranger II, surnommé *Tête d'Étoupes*, qui les transmit, à son tour, à Raymond Béranger III, encore enfant. La domination des comtes de Barcelonne durait ainsi depuis plusieurs années, lorsque des circonstances heureuses vinrent y mettre un terme. Tandis qu'en 1082, des chevaliers de la contrée pressaient le siége de la cité de Carcassonne, profitant de cette conjoncture, Bernard Atton se présenta devant la place pour la défendre, et promit à la garnison catalane de la rendre à Raymond Béranger, dès que celui-ci aurait atteint sa majorité: la nécessité et ces conditions lui en facilitèrent l'entrée. Bientôt il fit lever le siége, prit le gouvernement de la ville, reçut de ses vassaux le serment de fidélité et recouvra enfin les domaines de ses ancêtres. Par là il devint, après le comte de Toulouse, le plus puissant seigneur de la province, réunissant, sous sa main, les vicomtés d'Alby, de Nîmes, d'Agde, de Béziers, de Carcassonne et de Rasez.

Le comte de Foix réveilla de nouveau ses prétentions. Un accord de l'année 1095 y mit fin. De son côté, Béranger III, devenu majeur, somma Bernard Atton de tenir sa promesse. Celui-ci fut sourd à ses réclamations; et, comme les hostilités devinrent imminentes, pour s'assurer une protection puissante, il fit hommage du Carcassez et du Rasez à Alphonse, roi d'Aragon; mais, bientôt après, il conclut avec Béranger un traité par lequel il fut maintenu, sous foi et hommage, dans la possession de tous ses domaines.

En ces temps, l'Europe prit les armes pour aller conquérir la Terre-Sainte. Après le concile de Clermont, le pape Urbain II parcourut les provinces, pour porter les peuples à se croiser; il se rendit à Carcassonne et à l'Abbaye d'Alet; mais les troubles qui agitaient les états de Bernard Atton, le retinrent. Ce ne fut qu'à la seconde expédition (en 1101) qu'il partit pour la Palestine, d'où il revint peu de temps après.

Nous trouvons, qu'en l'année 1115, un certain Raymond Roger vendit à Bernard Atton un alleu qu'il possédait dans la ville de Limoux, sauf les droits qui revenaient à Radulphe de Flacian, moyennant la somme de vingt sous ugonenses et l'obligation de le vêtir, de le nourrir et de l'entretenir.

Ce comte acquit une grande réputation de valeur. En 1118 il marcha au secours du roi d'Aragon et concourut puissamment à la défaite des Maures; il reprit, en 1124, la ville de Carcassonne sur les habitans qui s'étaient révoltés; il avait épousé Cécile de Provence, de laquelle il eut plusieurs enfans. La mort l'atteignit en l'année 1130.

Roger III, son fils aîné, hérita des vicomtés d'Alby, de Carcassonne et de Rasez. Sa vie n'offre rien de remarquable. Il mourut sans enfans en 1150, et ses biens passèrent à Raymond Trencavel, son frère, vicomte de Béziers.

A cette époque, Guillaume de Limoux, gouverneur de cette ville, et Tardive, son frère, avaient usurpé les droits de justice, ceux de four, ceux d'émine sur les vins, de mijère sur l'huile, et le dixième sur les grains vendus au marché. Ils s'étaient emparés du manoir du comte, d'un jardin appartenant à un certain Guillaume Corone, et de tous les jardins qui s'étendaient depuis la Porte-Forone jusqu'au château. Mais en 1152, ces ministres infidèles furent contraints de restituer tous les droits au seigneur et de payer une amende de trois cents sous melgores.

En l'année 1157, le roi Louis le Jeune donna à Béranger, archevêque de Narbonne, la ville de Limoux. Nous avons vu qu'elle avait fait l'objet des concessions de Karloman et de Charles le Simple. La charte de Louis le Jeune ne fut donc qu'une confirmation des droits de l'église de Narbonne, droits du reste qui furent bornés à la possession des églises de Limoux, avec quelques biens et redevances, tandis que la ville ne cessa de relever des comtes de Rasez.

Le vicomte Raymond Trencavel éprouva bien des malheurs; il fut contraint, par la force des armes, de rendre hommage au comte de Barcelonne. Tombé au pouvoir du comte de Toulouse, il ne se racheta que moyennant une forte rançon. Il périt enfin assassiné à Béziers, en l'année 1167.

Roger IV, son fils et son unique héritier,

réconcilia sa maison avec Raymond, comte de Toulouse; il épousa, en 1171, Adélaïde, fille de ce dernier, et lui assigna pour douaire le château de Redde et le Rasez, le château de Balaguier, le bourg de Limoux avec ses vallées *vintronis et amoris* (1). Ce vicomte reçut à Limoux, en 1172, le serment de fidélité des principaux habitans du Rasez, et donna, trois ans après, un emplacement dans cette ville à l'Abbaye d'Alet. En 1179, Alphonse, roi d'Aragon et comte de Barcelonne, étant venu le visiter à Carcassonne; Roger lui rendit foi et hommage, comme à son suzerain, et lui soumit les habitans de Carcassonne et de Limoux. Tout indique que Limoux était devenu la principale ville du Rasez. Aussi, quittant sans regret des généalogies arides, va-t-elle faire l'objet spécial de mon attention.

---

(1) « Reddem cum toto reddensi comitatu, cum territorio et omnibus, quæ ad ipsum pertinere videntur, et » burgum Limosum, cum omnibus, quæ ad ipsum burgum pertinent, et vallem vintronix, et vallem amoris, » cum omnibus, quæ ad ipsum burgum pertinent, vel « pertinere debentur. »

Hist. gén., t. III, Preuv., pag. 120.

Mais la féodalité opprimait ses habitans. Sous la domination romaine, le droit municipal était en vigueur dans les Gaules (1); il s'y maintint sous la première dynastie de nos rois, et ne céda qu'aux excès de la puissance seigneuriale. Si des villes, assez puissantes pour résister, conservèrent des débris de leurs anciennes institutions, les villes secondaires subirent évidemment la loi universelle d'oppression. Quels intérêts communs auraient-elles eu à défendre, alors que leurs habitans étaient réduits individuellement à un vil servage et soumis aux caprices vexatoires des seigneurs. Il est vrai que, touchant notre ville, aucun document ne révèle et ne peut fixer l'établissement de son consulat; qu'elle en jouissait sous Roger de Béziers, vicomte de Razez (2);

---

(1) Voy. l'Hist. du droit municipal, par M. Raynouard.

(2) « Primò proponunt et intendunt probare, ab antiquo fuisse, merâ liberalitate, privilegio, seu donatione, » universitati Limosi concessum *et ejusdem consulibus* » *qui tunc erant*, cum habitatoribus dictæ universitatis, » singulis maribus et feminis, tunc præsentibus et futuris, *per tunc vice-comitem Biterrènsem* et dominum » nemoris prælibati, ut venientes ad ipsum nemus, habi-

qu'en 1218 ses consuls adressèrent, à l'occasion de la mort de Simon de Montfort, des lettres de condoléance à Amaury, son fils (1), et qu'en 1302 Richard-Nebot, archidiacre de Lisieu et commissaire du Roi dans la province, en confirmant les priviléges de la ville, reconnut que les habitans étaient libres d'ancienneté (2). Toutefois ces notions ne permettent pas d'affirmer que Limoux ait possédé le régime municipal avant le douzième siècle. En ce temps, il s'opéra un changement dans les moeurs; l'Europe le devait aux croisades. Déjà la plupart des villes de France avaient recouvré leurs anciennes libertés (3);

» tatores prædicti simul et separatim possint liberè et
» impunè....... ingredi. »

Archiv., acte de 1288.

(1) Hist. gén. de Lang., t. III, Preuv., pag. 250.

(2) L'original de ces lettres manque; mais nous en avons deux traductions, l'une en français, l'autre en patois. On lit dans la première : « Considérant aussi la no-
» blesse de ladite ville, que d'antiquité les habitans
» d'icelle ont été nobles. » Et dans la seconde : « É la
» noblesa del dit loc esgardada, lé cal es é fo anticament
» noblé. »

Registre des privilég., pag. 24, verso.

(3) Robertson, introd. à l'hist. de Charles-Quint, n. XVI.

ce ne fut que vers la fin du douzième siècle que celles comprises dans les domaines de Roger les obtinrent (1). On ne sait comment se fit cette révolution ; sans doute que les besoins de l'époque ne permirent plus de s'opposer à de justes réclamations. Le plus précieux des droits, celui qui aurait dû n'être jamais contesté et qui précéda nécessairement tous les autres, est consigné dans un diplôme du mois de janvier 1192 (2). Par cet acte, Roger de

---

(1) Hist. des Comtes de Carcass. par Besse, p. 126. = Hist. Ecclésiastique et Civile de Carcassonne par Bouges, pag. 126 et suivantes.

(2) « In nomine domini, anno à nativitate ejusdem » M° C° LXXXX° IJ, regnante Rege Philippo, mense » januarii, notum sit omnibus hæc audientibus quod ego » dominus Rogius et vicecomes Biterrensis, per me et per » omnes meos præsentes et futuros, bonâ fide et sine dolo » et omni mali ingenio, cum hâc præsenti cartâ in futu» rum ac in perpetuum valiturâ; laudo et concedo et dono » nunc et in perpetuum, donatione scilicet, quæ inter » vivos nominatur, videlicet : omnibus hominibus et fe» minabus villæ Limosii præsentibus et futuris, indigenis » et aliênigenis, in prædictâ villâ permanentibus, qua» tenus possint liberè facere testamentum suum, in vitâ » et in morte, et dividere et dimittere omnes suas res » mobiles et immobiles, utcumque sint et qualescumque

Béziers octroye aux habitans de Limoux la faculté de disposer de leurs biens par donations et par testamens, en et hors la ville et

---

» sint, sive sint homines illi aut feminæ, intra villam aut » extrà villam Limosii, in quâlicumque loco, aut in quâ- » cumque patriâ sint; sicut dictum est, possint liberè » testari et facere testamentum suum et dimittere et di- » videre omnes suas res mobiles et immobiles ad volonta- » tem suam et ad suum beneplacitum. Et si fuit homo aut » femina qui non habeat infantes aut infantem, neque » aliquem heredem, possit mihi domino Rogio jam dicto » et omnibus meis successoribus dimittere et dare, in » testamento suo, quidquid et quantum ei homini aut fe- » minæ placuit. Quod mihi et meis successoribus dimit- » tet, et quidquid fuerit illud quod nobis dimiserit, de » illo semper ego et mei tenebimur per bene pacatos. Et » de omnibus suis rebus mobilibus et immobilibus possit » facere ad voluntatem suam, et sicut eas dimiserit, in » perpetuum sit firmum et stabile. Et promitto quod » nunquam contrà hæc prædicta veniam aut venire fa- » ciam, aliquo jure aut aliquâ occasione; sed omnia, sicut » suprà sunt scripta, aut sicut melius dici aut intelligi » possint, ad proficium omnium hominum et feminarum » villæ Limosii, præsentium et futurorum, tenebo et ob- » servabo firmiter et fideliter. Et melius feci aut faciam » quominus hæc prædicta aut aliquid horum firma per- » maneant. Sic juro super hæc Sancta Evangelia. Et ad » perennem rei memoriam, hanc cartam, impressione

en quelque lieu qu'ils se trouvent, à leurs grés et volontés, et encore même qu'ils décèdent sans postérité. C'est encore à ce vicomte que la ville est redevable de la plupart de ses priviléges (1); je les ferai connaître alors qu'ils furent exercés dans leur plénitude et sans obstacle; ils valurent à Roger et surtout à ses successeurs un dévouement héroïque dans des circonstances déplorables; et lorsque de nouveaux venus, usurpant leurs domaines, voulurent porter atteinte aux droits de la ville, ses habitans substituèrent à l'amour

---

» sigilli mei confirmo et corroboro. Hujus rei sunt tes-
» tes : Ugo de Romegos, vicarius Reddensis, Petrus Vas-
» salus, Guillelmus de Sancto-Paulo, Guillelmus Amelii,
» Rigaud de Monte-Regali, Bernardus de Flaciano, Ar-
» naudus Nigra, Petrus-Ramundus Grati, Petrus de Vil-
» lamaurino, Guillelmus Arnaud, Juvenis, Petrus de
» Reddis et Bernardus de Carcassonnâ, notarius domini
» Rogii, qui mandamento ejusdem et prædictorum tes-
» tium hæc scripsit et sigillavit. »

Archives.

(1) « Omnes libertates et franchitates datas olim et » concessas ipsi universitati dictæ villæ, tam per Dominum vicecomitem Biterrensem, quam per dominum » comitem Montisfortis. »

Arch., acte de 1291.—Voy. reg. des privil., p. 37, note 2.

qu'ils avaient eu pour leurs anciens maîtres une haine telle, qu'il fallut nécessairement que ces nouveaux seigneurs se dépouillassent de leurs droits et disparussent. Devenue libre, la ville acquit de l'importance : son industrie se développa ; sa population s'accrut sensiblement ; elle eut une existence propre qui rend les évènemens dont elle a été le théâtre plus nombreux et d'autant plus intéressans, qu'ils renferment parfois d'utiles instructions.

Cet élan, vers la jouissance des droits naturels, favorisa la liberté de conscience religieuse. Un reste de manicheïsme avait dans cette contrée des sectaires qui, sous le nom d'Albigeois, se multiplièrent considérablement à cette époque. Raymond, comte de Toulouse, avait adopté leurs principes, et Roger, son gendre, en avait toléré les progrès dans ses états ; ils devaient causer la ruine de leurs maisons. C'est avec ces fermens de discorde que Roger IV mourut laissant des domaines considérables à Raymond Roger, son jeune fils. Sous ce vicomte l'hérésie fit de grands progrès. Le pape envoya divers légats qui par leur caractère violent irritèrent au lieu d'appaiser les esprits ; Diégo, évêque d'Ozma en Espagne, et frère Dominique, son sous-prieur, se joignirent aux légats pour confondre les hérétiques. St-Dominique s'est rendu célèbre par ses prédications, sa conduite et ses miracles; il fonda le monastère de Prouille vers la fin de l'année 1207, et, cette même année, Béranger, archevêque de Narbonne, donna à ce monastère, du consentement du chapitre de St-Just, l'église de St-Martin de Limoux avec ses dépendances.

Cette église formait un prieuré desservi par une communauté de bénédictins, sous la dépendance de l'abbaye de St-Hilaire. Après les en avoir dépouillés, St.-Dominique en confia l'administration à frère Guillaume Claréa, qui en prit possession, en présence de Bernard Raymondi, évêque de Carcassonne, le 17 mars 1208. Plus tard il y établit des religieux de son ordre, connus sous le nom de *frères prêcheurs* ou de *Dominiquains*. Dès le principe, les frères prêcheurs furent troublés par les religieux de St-Hilaire. Dominique, les ayant accusés d'hérésie, obtint, au profit du monastère de Prouille, outre St-Martin de Limoux, le monastère de St-Hilaire; mais, sur les contestations qui s'élevèrent, Thédise, évêque d'Agde, nommé arbitre, adjugea, par sentence du mois de mars 1217, aux bénédictins leur monastère, et l'église de St.-Martin aux frères prêcheurs, à la charge par ceux-ci de payer aux autres une redevance annuelle de trois muids de blé. Cette décision ne termina pas le différent: en 1218, les frères prêcheurs furent chassés avec violence de l'église de St.-Martin par les religieux de St.-Hilaire, et, sur la plainte qui lui fut adressée, Arnaud d'Amalric, archevêque de Narbonne, commit l'évêque de Carcassonne pour mettre un terme à des scènes si scandaleuses. Celui-ci fut d'avis de restituer St.-Martin au monastère de Prouille; et comme les bénédictins ne se mettaient pas en peine de la sentence, l'archevêque de Narbonne en ordonna de plus fort l'exécution. Enfin le cardinal Conrad, ayant confirmé la donation de St.-Martin en faveur du monastère de Prouille, il intervint, le 27 mars 1224, une transaction par laquelle l'abbé et les religieux de St.-Hilaire demeurèrent paisibles possesseurs de ce monastère, et les religieux de Prouille du prieuré de St.-Martin (1).

(1) Hist. gén. de Lang., t. III, p. 149 et 329. — Hist.

Cependant les efforts des missionnaires, envoyés dans la province, avaient été infructueux pour ramener les hérétiques au giron de l'église. Le meurtre de Pierre de Castelnau, légat, devint le prétexte de la croisade contre les Albigeois. Le pape Innocent III, s'adressa au roi Philippe-Auguste, aux princes et aux prélats, pour les exhorter à s'armer contre les hérétiques et à les exterminer. A cette voix, une armée formidable, sous la direction de l'abbé de Citeaux, se dirige vers nos contrées : la ville de Béziers est prise d'assaut et livrée au carnage le plus horrible; la cité de Carcassonne, après une défense opiniâtre, cède aux Croisés au mois d'août 1209; Raymond Roger y fut fait prisonnier par la plus noire trahison; il mourut bientôt après, selon toutes les apparences, de mort violente, ne laissant pour le venger qu'un fils au berceau, Raymond Trencavel, qu'il avait confié à Roger Bernard, comte de Foix.

Après de tels succès, l'abbé de Citeaux vou-

---

de Saint Dominique, page 115. = Lettre de l'Économe de Prouille du 20 mars 1731. = Requête adressée au Roi par les consuls de Limoux, le 12 septembre 1750. *Arch.*

lut régler l'administration des pays conquis ; mais les trois principaux chefs de l'armée ne voulurent pas du patrimoine du malheureux Roger. Simon de Montfort, comte de Leycestre, ne se montra pas si difficile. Elu seigneur de la conquête, il s'occupa d'abord de se l'assurer. Limoux fut du nombre des villes principales qui se soumirent (1). Simon de Montfort fit raser le château assis sur la colline voisine (2) et établit dans la ville une bonne garnison à la tête de laquelle il plaça Lambert de Creichi ou de Turrey, chevalier plein de bravoure et de prudence, qui prit le nom de Lambert de Limoux. Même, vers la fin de 1209, Montfort se rendit à Limoux, y reçut le serment de fidélité des consuls et des habitans et confirma leurs priviléges et franchises (3).

---

(1) Hist. gén., t. III, Preuv., pag. 20. = Voy. plus haut pag. 17, note 1.

(2) Voy. plus haut pag. 15, note 1.

(3) « Item proponunt et probare intendunt quod præ- » dicta concessio facta, ut dictum est, per vicecomitem » Biterrensem, tunc dominum nemoris prælibati, fuit » postmodum roborata et confirmata per comitem Montis- » fortis, qui dicti vicecomitis Biterrensis extitit in vice-

Ce seigneur ambitieux fit ensuite une guerre longue et acharnée aux comtes de Toulouse et de Foix. Après des triomphes et des revers, il fut tué, en 1218, au siége de Toulouse. Amaury de Montfort, son fils, lui succéda. Ce fut à cette occasion que les consuls de Limoux lui adressèrent des lettres de condoléance. On dit qu'Amaury, pénétré de reconnaissance, vint à Limoux qu'il érigea en ville de bourg qu'il était auparavant, y fonda le couvent des Trinitaires pour le repos de l'âme de son père, et accorda divers priviléges à ce monastère (1). Il est certain qu'à cette époque Armande, veuve de Simon de Montfort, donna aux frères Trinitaires une maison qui précédemment avait servi aux Juifs pour leur école (2).

En héritant des domaines que Simon de Monftort avait conquis, son fils n'hérita ni de

» comitatu et nemore prælibato et aliis ejus juribus ex » conquestâ. »

Archives, acte de 1288.

(1) Besse, hist. des Comtes de Carcassonne, p. 152.

(2) Délibération du conseil de la ville, du 31 juillet 1751.

son crédit, ni de sa valeur. Les comtes de Toulouse et de Foix, profitant de sa faiblesse, prirent les armes. A l'instigation de ce dernier comte, la ville de Limoux se dévoua entièrement au jeune Trencavel; le château rasé en 1209 fut rebâti; le comte de Foix y fut reçu ainsi qu'un grand nombre d'hérétiques. Ils étaient si puissans, qu'en 1222 Limoux fut choisi pour la tenue d'une assemblée générale ou concile, sous la présidence de Guillebert de Castres, évêque hérétique à Toulouse; plus de cent prédicans y examinèrent les affaires de leur église. On admit dans la secte la Dame du château de la Penne, qui vint ainsi renoncer aux pompes et aux plaisirs du monde. Deux adeptes, Raymond Angulerius et Pierre Bernardi, reçurent, le premier le titre de *fils majeur*, et le second celui de *fils mineur*. L'assemblée termina ses séances par l'élection de Benoit de Thermes à l'évêché de Carcassonne et de Rasez (1).

(1) Hist. de la ville de Toulouse, par M. d'Aldeguier, t. II, pag. 348. = Histoire de Philippe-Auguste, par M. Capefigue, t. IV, pag. 104 et 125.

D'après M. Capefigue, dont l'opinion a été puisée dans le registre de l'inquisition de Toulouse, l'assemblée se tint à

Amaury, ne pouvant se défendre contre ses nombreux ennemis, se rendit auprès du roi Louis VIII, et n'eut d'autre parti à prendre que de lui transmettre ses prétendus droits en Albigeois. Après de longues hésitations, Louis, pressé par le pape Honoré III, se disposa, en 1226, à faire valoir les droits cédés par la force des armes. Le Roi vint en personne faire le siége d'Avignon. Tandis qu'à son arrivée plusieurs villes, notamment Carcassonne et Béziers, se soumirent, les habitans de Limoux soutinrent la guerre avec acharnement; mais après la prise d'Avignon, au mois de septembre 1226, le Roi s'étant rendu à Carcassonne, contraints de se soumettre, ils vinrent lui prêter serment de fidélité. A cette occasion, Mathieu de Mailli, commissaire du Roi, promit de les maintenir dans leurs priviléges; toutefois la plupart des révoltés furent envoyés au supplice, et

---

Pieussan, village à demi-lieue de Limoux; d'après M. Daldeguier, à Limoux même. Le lecteur sera peut-être disposé à penser qu'elle eut lieu dans l'église champêtre de Marceille qui se trouve sur les confins des territoires de Limoux et de Pieussan.

l'on rasa le château qu'ils avaient reconstruit pour leur défense (1).

Après avoir dépouillé les comtes de Toulouse et de Foix et le jeune Trencavel de leurs domaines, le Roi alla mourir à Montpensier au mois de novembre de la même année. La Reine Blanche, régente du royaume, occupée à dissiper la ligue formée contre son fils, ne put aviser aux affaires de la province. Dans cette occurence, le comte de Toulouse et ses alliés tentèrent une seconde fois de recouvrer leurs états. La ville de Limoux, dévouée à son seigneur et en proie à l'hérésie, s'approvisionna de vivres, d'armes et de chevaux. Un document précieux de cette époque nous fait assez bien connaître l'esprit de ses habitans. Durant le carême de 1227, Pierre Amelli, archevêque de Narbonne, tint dans cette ville un concile provincial. Le dix-septième canon qui y fut adopté « ordonne d'excommunier, tous les » dimanches, au son des cloches et cierges » éteints, Raymond, comte de Toulouse, le » comte de Foix et Trencavel, les Toulousains

(1) Voy. plus haut pag. 15, note 1. = D'Aldeguier, t. II, p. 371.

» hérétiques, leurs croyans, fauteurs, défen» seurs et recéleurs, *et surtout ceux de Li» moux et autres qui avaient fait serment » au seigneur Louis, Roi, d'heureuse mé» moire, et qui ensuite se sont retirés de » l'église* avec tous ceux qui leur fournis» sent des secours. » De son côté Trencavel, qui hâtait ses préparatifs, mit la ville de Limoux et le pays de Rasez sous la protection du comte de Foix et lui en confia l'administration tant que les Français occuperaient Carcassonne et Béziers, et pendant les six années qui suivraient leur expulsion. Bientôt après les hostilités commencèrent; mais le comte de Toulouse, ayant éprouvé des désavantages, fut contraint de conclure ce traité mémorable par lequel Jeanne, sa fille, épousa Alphonse, frère du Roi, et ses domaines devaient un jour revenir à la couronne. Le comte de Foix fit aussi sa soumission, et Trencavel, réduit à lui-même, se réfugia en Espagne, auprès du Roi d'Aragon, attendant une meilleure occasion de faire valoir ses droits. Les habitans de Limoux, eurent à expier leur dévouement pour leur seigneur et leur révolte contre l'Église; ils furent tenus de payer une taille annuelle de deux cents livres et souffrirent beaucoup du tribunal de l'inquisition. Les biens des hérétiques, non-seulement de Limoux, mais encore des lieux de Loupia, Solione, Ladigne-d'Aval, Alet et Espéraza, furent confisqués au profit du Roi et vendus, par le sénéchal de Carcassonne, à Udalger, abbé d'Alet, au mois d'août 1234, moyennant le prix de quatre cents livres (1).

Ces actes furent la source de troubles graves et favorisèrent le retour de Trencavel. Secondé secrètement par le comte de Toulouse, et suivi de quelques chevaliers catalans, aragonais et autres du pays, proscrits pour crime d'hérésie, ce jeune seigneur pénètre dans les diocèses de Narbonne et de Carcassonne au

---

(1) « Nos Odo Coquus, miles, senescallus Domini Regis » in partibus Albigesii..... vendimus Udalgerio, Dei gra» tiâ, Electensis monasterii electo..... omnes hæreses et » fœdimenta et acquisitiones et pignora, quæ ad Domi» num Regem Francorum pertinent, illarum videlicet, » quæ usque ad hunc diem ceciderunt in commissum...... » in toto terminio de Taxo et de Flaciano et de Alzennâ » et de Luguello et de Limoso, etc. »

Acte déposé aux archives d'Alet.

commencement de l'année 1240. Plusieurs villes ont conservé leur ancienne fidélité et lui ouvrent les portes. De ce nombre sont Montréal, Montoulieu, Saissac, Limoux, Assillan et Laurac; d'autres ne cèdent qu'à la force, et leurs garnisons sont passées au fil de l'épée. L'effroi se répand; les nouveaux seigneurs, établis dans le pays, se retirent dans la cité de Carcassonne. Trencavel s'y présente; il est reçu dans le bourg; mais la cité lui oppose une vive résistance. Durant un mois, il fait vainement des efforts pour la prendre. Instruit de l'approche de troupes envoyées contre lui par le Roi, il lève le siége le 11 octobre et se réfugie au château de Montréal, où il se défend vigoureusement; mais enfin, cédant aux forces de l'ennemi et aux prières du comte de Toulouse, une capitulation est conclue, en vertu de laquelle lui et les siens sortent de la place avec armes et bagages et repassent en Espagne. Les villes de Rasez rentrèrent sous la domination royale; et c'est à cette époque que le pays de Sault, qui avait été détaché bien avant du comté de Rasez, fut réuni à la couronne par l'abandonnement qu'en fit Géraud, seigneur de Niort, au mois de janvier 1241.

Cependant Trencavel ne renonçait pas à la reprise de ses états : en 1241 il se ligua avec le comte de Toulouse, les rois d'Aragon, de Castille et de Navarre, et remit sa personne et ses biens à la volonté du roi d'Aragon, employant toutes ses ressources et comptant sur la fidélité tant de fois éprouvée de ses vassaux. Dans cette ligue figuraient aussi les comtes de Comminge et de Rodez, le vicomte de Narbonne, et notamment le comte de la Marche qui s'était assuré des secours du roi d'Angleterre. Les hostilités ne tardèrent guère à commencer : Raymond, comte de Toulouse, Amalric, vicomte de Narbonne, et Trencavel, pénétrèrent dans le Rasez, le Thermenais, le Narbonnais et le Minervois. Mais, vers la fin de l'année, les affaires changèrent, la ligue fut rompue par l'intrigue, le comte de Toulouse se soumit au Roi, et Trencavel retourna à la cour du roi d'Aragon.

C'est ainsi que finit la guerre contre les Albigeois : guerre cruelle, qui affligea notre pays des plus grandes calamités ; guerre injuste, parce que, sous le prétexte de la religion, on usurpa les biens à leurs possesseurs ; guerre célèbre, parce que les peuples vaincus montrèrent un courage et une fidélité héroïques.

Après avoir terminé les affaires de son royaume, le Roi résolut d'aller en Terre-Sainte. Le comte de Toulouse, qui devait le suivre, engagea Trencavel à se soumettre et à faire partie de l'expédition. Ce vicomte, ayant perdu toute espérance, passa les Pyrénées pour entamer des négociations. Étant à Béziers, par un acte du 7 avril 1247, il céda ses droits au Roi, qui pardonna à tous ceux qui s'étaient armés contre lui, et qui donna à Trencavel six cents livres de revenu en fonds de terre à prendre dans la sénéchaussée de Beaucaire. Au mois d'août suivant, Trencavel se rendit à Paris, confirma la cession de ses domaines, et le Roi, modifiant ses dispositions, lui assura cinq cents livres de revenu en fonds de terre situés dans la sénéchaussée de Carcassonne. Ainsi cette maison, alliée des rois d'Aragon, la plus puissante de la province, après celle de Toulouse, qui avait possédé les vicomtés de Béziers, de Carcassonne, de Rasez, de Nîmes, d'Agde et d'Alby, et qui avait joui des droits régaliens durant deux ou trois siècles, fut réduite, par la violence, à une condition humiliante.

Trencavel servit le Roi outre-mer, s'y distingua et revint avec lui au mois de juin 1256. Pierre de Antolio, sénéchal de Carcassonne, lui assigna, en vertu de lettres royaux, les cinq cents livres qui lui avaient été accordées, sur les terres de Pauligne, Belvèze, Raissac, St.-Martin-de-Villereglan, Cesséras et Cadérach, sous la réserve, au profit du Roi, de la haute justice, des crimes d'hérésie et du service de la guerre. En 1263, Trencavel céda au Roi le château de St.-Martin-de-Villereglan, et mourut peu de temps après. Un de ses fils, Roger de Béziers, se croisa en 1269 et suivit le Roi en Afrique. Depuis, l'histoire ne fait plus mention de cette famille.

CHAPITRE III.

Des nouveaux Seigneurs de Limoux, de ses franchises et libertés.

Après la soumission de Limoux en 1209, le Rasez fut tenu successivement par Simon de Montfort, par Amaury, son fils, et par le roi Louis VIII, en vertu de la cession qu'Amaury lui fit de tous ses droits sur le pays d'Albigeois, droits qui furent assurés par la cession de Raymond Trencavel en 1247 et par le traité du 11 mai 1258 entre Louis IX et Jacques, roi d'Aragon. Le Rasez cependant ne fit pas partie du domaine utile de la couronne.

Avant la conquête, des seigneurs particuliers possédaient la plupart des châteaux sous la la suzeraineté des vicomtes. Dépouillés sous prétexte d'hérésie ou de félonie, leurs terres furent données à l'Église, ou aux compagnons de Simon de Montfort en récompense de leurs services (1). C'est de cette époque que date l'établissement de plusieurs familles de France dans notre contrée. Nous avons vu que Lambert de Thurey avait été établi, par Simon de Montfort, gouverneur de Limoux; il prit le nom de *Lambert de Limoux*, et il est probable qu'il eût obtenu cette seigneurie, si, porté selon le goût du siècle aux combats et aux aventures, il n'était mort en Terre-Sainte. Ce ne fut qu'en 1234 que de l'ordre du Roi, Odon de Coqu, sénéchal de Carcassonne, assigna à ses deux fils Lambert et Simon de Thurey et à Béatrice, son épouse, quinze cents livres de revenu sur les lieux de St.-Couat, Villelongue, Tournebouch, Barbianes, Antignac, Montgaillard, Lauraguel, Villemartin, Saissac, Carlipa et autres (2). Lam-

(1) Histoire de Carcassonne, par Bouges, pag. 172.

(2) Hist. gén. de Languedoc, t. III, Preuv., p. 366.

bert, Simon et leurs descendans conservèrent néanmoins le nom de Limoux.

Un des officiers les plus distingués de Simon de Montfort était Pierre de Voisins, originaire de Voisins, terre de France; il était son sénéchal en 1215; plus tard il devint sénéchal de Toulouse, et de lui est issue une famille illustre dans la province par l'occupation des premières charges et par la possession des baronnies de Couffoulens, d'Arques et d'Ambres (1). A une époque incertaine, Gautier Gasteblat, sénéchal, lui donna, au nom du Roi, la ville de Limoux (2), et en 1231, Odon de Coquu, en paiement d'une rente de mille livres, lui inféoda définitivement, avec la ville de Limoux, Redde, Caderonne, Couiza, Bugarach, Villa-ez-Rasez, la forêt de Molet, Montferran, Blanchefort, Sougragnes, Luc, Belcastel, Couffoulens et Pech-les-St.-Hilaire, l'albergue de Festes, sous la réserve de celle revenant au maréchal de Lévis, la leude d'Alet sur les radeaux et sur le sel, les droits de péage sur le pont d'Aniane et les droits

(1) De la nobl. des Capitouls de Toulouse, par Lafaille.

(2) Voy. plus bas pag. 63.

du Roi sur les lieux de Laurens et d'Escuillens (1).

Pierre de Voisins transmit ces domaines à ses descendans. Pierre, son fils aîné, sénéchal de Carcassonne, hérita de la ville de Limoux (2) sauf quelques droits revenant à Guillaume, son frère (3); il mourut vers l'année 1265. Nous verrons que Guillaume, son fils, céda Limoux au roi Philippe le Bel. Quant à Guillaume, frère du sénéchal de Carcassonne, les droits qu'il avait sur la ville advinrent à Jeanne, sa fille unique, qui les porta en dot à Pierre de Messalan. Nous retrouverons les Messalan dans le cours du quatorzième siècle (4).

---

(1) Hist. gén. de Lang., vol. 3, Preuves, pag. 355.

(2) « Noverint universi, quod nos Petrus de Vicinis, » miles, dominus de Limoso. »

Archives, acte de 1265.

(3) « Guillelmus de Vicinis, miles, in parte dominus » villæ Limosi. »

Archiv., actes de 1257 et de 1332.

(4) « Item dictus dominus Guillelmus de Vicinis partem, quam habebat in dictâ villâ, dedit in dotem domino Petro de Mesalano, cum dictâ filliâ dicti domini » Guillelmi. »

Archiv., acte de 1332.

Une partie de Limoux formait en outre un fief particulier : lorsque la ville de la colline fut réunie à celle de la plaine, on s'empara du sol nécessaire pour l'édification des maisons. Un sieur de Cougan fut la principale victime de cette rigueur ; mais sitôt que Pierre de Voisins fut devenu seigneur de Limoux, Cougan revendiqua contre lui la partie de la ville érigée sur ses terres. Il s'éleva entr'eux de graves contestations, dont les habitans eurent beaucoup à souffrir ; on les termina par la reconnaissance des droits des seigneurs et des institutions municipales. Plus tard ces débats se renouvelèrent et causèrent bien des désordres (1) ; enfin, en 1262, le sénéchal de Carcassonne, ayant reçu l'ordre du Roi d'indemniser ceux qui n'avaient pas été notés d'infamie ou de révolte, à raison

---

« Nos Petrus de Vicinis, miles, dominus de Limoso....
» nos, et Johanna, neptis nostra, et Clissendis, mater
» ejus, et Stephanus de Dardeys, vir dictæ Clissendis. »
Archiv., actes de 1263 et de 1265.

« Quod nos Petrus de Meselano, domicellus, dominus
» de Limoso in parte. »
Acte de 1299.

(1) Voyez l'arrêt rendu par le Parlement de Toulouse, en 1516.

des terres qu'on leur avait confisquées (1), Cougan fut désintéressé par les habitans, qui cédèrent gratuitement ses droits au Roi. Ainsi, vers le milieu et la fin du treizième siècle, la ville appartenait presque entièrement à la famille de Voisins ; une partie relevait du Roi, et une autre de la famille de Messalan ; et chaque seigneur, dans l'étendue de son fief, exerçait la justice par des officiers de son choix (2).

(1) Hist. gén. de Languedoc, t. III, pag. 518.

(2) « Nono, dicunt consules, quod *officiales omnes* » *et singuli, qui erint in dictâ curiâ, in Limoso, do*» *mini Guillelmi de Viçinis*, temporibus successivis, » priusquàm commissa eis officia exerceantur, juramentum » ad Sancta Dei Evangelia, tangenda à se corporaliter, in » primâ et plenâ assisiâ, tenebuntur præstare, præsen» tibus consulibus et omnibus aliis, qui ibi erint et vo» luerint interesse, qui subdictis et aliis universis red» dent justiciam, justà jura, usus, et villæ Limosi con» suetudines approbatas, et ibi diutiùs observatas. »

Archiv., acte de 1292.

« Et hæc fecerunt (consules et homines de Limoso) » contrà inhibitionem factam dictis hominibus per *baiu*» *lum domini Regis*...... »

Archiv., acte de 1288.

« Noverint universi, quod nos Petrus de Mesalano,

Les habitans de Limoux cherchaient à s'exonérer de la taille de deux cents livres, somme alors considérable, qui leur avait été imposée en punition de leur révolte. Après la prise d'Avignon en 1226 et leur soumission au Roi, ils continuèrent de payer les tailles ordinaires; et même Mathieu de Mailli, commissaire du Roi, leur promit de les maintenir dans la jouissance de leurs franchises. Cependant Gautier Gasteblat, sénéchal, en donnant à Pierre de Voisins la ville de Limoux, avec ses revenus de sept mille sous, avait ajouté une taille de quatre mille sous par une imposition arbitraire; et lorsque en 1231, Odon de Coquu, sénéchal, lui inféoda définitivement cette ville, il paraît qu'il évalua ses revenus à cinq cent vingt livres dix-sept sous (1). Quoiqu'il en soit, Pierre de Voisins et ses descendans perçurent, indépendamment des revenus ordinaires, la taille

---

» domicellus, dominus de Limoso in parte...... requisito
» tamen et vocato *baiulo nostro de Limoso*, qui nunc
» est, et *aliis baiulis nostris*, qui pro tempore erint. »
Archiv., acte de 1299.

(1) Cela résulte d'une copie de l'acte d'inféodation, trouvée au château de Couiza.

de deux cents livres. En 1254 des commissaires furent envoyés dans la sénéchaussée de Carcassonne pour restituer les biens à ceux qui en avaient été injustement dépouillés. Les consuls demandèrent l'abolition de la taille; mais les commissaires, se trouvant sous l'influence de Pierre de Voisins, sénéchal de Carcassonne, rejetèrent leur requête à cause, disent-ils, de la désobéissance obstinée des habitans au Roi et à l'Église. On était alors sous le règne de Louis IX, d'heureuse mémoire, et tôt ou tard justice devait être rendue. En 1261 de nouveaux commissaires arrivèrent dans la province; des plaintes furent renouvelées de la part des consuls; après examen des titres, après information, les commissaires demeurèrent convaincus que les revenus ordinaires de la ville étaient suffisans pour acquitter les onze mille sous cédés par Gautier Gasteblat, ou les cinq cent vingt livres dix-sept sous cédés par Odon de Coquu; ils déclarèrent que Gautier Gasteblat, en créant la taille de deux cents livres, avait méconnu les franchises de la ville et excédé les limites de ses pouvoirs; que le Roi n'avait jamais approuvé ni même connu cet acte arbitraire, et que la ville devait en être libérée. Mais comme Pierre de Voisins n'avait pas été appelé pour se défendre, et qu'ils manquaient de pouvoirs suffisans pour agir contre les seigneurs terriens, ils se bornèrent à faire cette déclaration, sauf aux consuls à faire valoir leurs droits contre les héritiers de Gasteblat, contre Pierre de Voisins et tous autres (1).

(1) « Omnibus præsentes litteras inspecturis, nos ma-
» gistri....... inquisitores, deputati ab illustrissimo Rege
» Francorum, in partibus Albigesii, super injuriis et
» emendis ipsius Regis, salutem in Domino. Consules de
» Limoso dicunt quod, cum Gautius Gasteblat, senes-
» callus, dedit villam de Limoso, in assisiam undecim
» millium solidorum, domino Petro de Vicinis, assignavit
» eidem, pro septem millibus solidis, redditus dictæ villæ,
» et de quistâ posuit in assisiâ; residuum, scilicet, qua-
» tuor millia solidorum, unà cum dictâ taillâ, contrà li-
» bertatem antiquam, tunc fuerint imposita indebitè,
» cum, tempore Montisfortis, noster dominus Rex tenuit
» istam villam ad manum suam, dicta tailla non daretur,
» maximè cum Matheus de Maillaco eis promiserit, pro
» domino Rege, confirmandi eis consuetudines et liberta-
» tes suas omnes. Et villæ redditus per se sufficiens ad
» dictam assisiam, petunt cassari taillam supradictam.
» Quum autem innuerimus solùm data in assisiâ jura do-
» mini Regis, verbis in cartâ assisiæ notatis; rursùs quod
» in cartâ alterâ nihil exprimitur; imò inter cætera,

Les consuls se hâtèrent de présenter une supplique au Roi, qui commit d'abord l'évêque de Carcassonne et Guillaume de Banneriis, lieu-

---

» quodcumque ad hunc articulum pertinet id solummodò
» continetur, videlicet, quod Limosum dabatur in assisiâ
» pro quingentis viginti libris decem et septem solidis
» domino Petro de Vicinis. Item quod ex confessione per
» testes, tam ex parte ipsorum, quam per eos ex parte
» ipsius domini Regis productos, similiter innuerimus
» quod redditus Limosi, præter taillam supradictam,
» valebat, tempore assisiæ factæ domino Petro, summam
» prætaxatam. Item innuerimus taillam prædictam fuisse
» solutam usque ad tempus ipsæ factæ assisiæ antedictæ,
» sed dictam villam à dictâ taillâ liberam et immunem,
» ex quo sequitur quod senescallus, qui fecit assisiam,
» imponendo villæ taillam ducentarum librarum contrà
» solitam libertatem ipsius, et domino Petro eamdem
» taillam assignando, jura excessit sibi traditæ potestatis,
» quod neque de solvendo plus debito, neque de exigendo
» indebito, mandatum accepit. Ideòque dominum Regem,
» quem nec, innuerimus, præmissam taillam imponi man-
» dasse, nec scientem et præsentem præmissa suo nomine
» in tanto excessu facta ratihabuisse, nec exindè lucrum
» assecutum, prædictis consulibus decrevimus non teneri;
» et licèt, ut dictum est, per inquisitionem innuerimus
» dictam villam à taillâ fuisse liberam ab antiquo, et
» eidem, in compositione factâ inter ipsam et dominum
» Regem per vice-gentes domini Regis in illis partibus,

tenant du sénéchal, et plus tard Pierre de St.-Aphrodise, juge de Béziers, pour vider la contestation soulevée contre les héritiers de Pierre de Voisins. En vertu de ces dernières lettres, datées du dimanche après la fête des apôtres Pierre et Paul, de l'année 1263, Pierre de Voisins, Clissende, veuve de Guilhaume de Voisins, et Jeanne, fille de celui-ci, furent

---

» suas franchesias reservatas, et dominus senescallus im-
» posuisse taillam tam de taillâ cassandâ
» pronunciare, quam, ut duximus, in dicti Petri absen-
» tis et non vocati lesionem enormem, presertim, cum
» inquisitioni nostræ non se subjecerit, ac etiam contrà
» terrarios aliquid decernendi nulla nobis à domino Rege
» attributa potestas, et insuper, quod contrà præmissa,
» forsitan, justâ se poterit defensione tueri, quam igno-
» ramus, ad præsens, obtulimus eis quod, si qui de here-
» dibus dicti senescalli degerent in senescalliâ Carcas-
» sonnæ vel Bellicadri, et contrà eos suas vellent dirigere
» actiones, favebimus eis maturæ justiciæ complemento.
» Reservavimus etiam eis facultatem agendi, viâ ordina-
» riâ, contrà dictum Petrum, quoscumque alios et quos
» de jure pertinebit experiri, ad eorum requisitionem,
» retinentes eadem ad examen domini Regis vel ipsius
» senescallis. Datum anno Domini M° CC° sexagınto
» primo, mense martii. »

Archives.

ajournés, au 6 des calendes de septembre, devant le commissaire du Roi; mais ceux-ci, convaincus sans doute du peu de fondement de leurs prétentions, les abandonnèrent par un acte, du 2 des ides d'avril 1265, qui fut confirmé par une charte du Roi donnée à Vincennes au mois de juin suivant. (1)

Les défaites nombreuses des ennemis de l'Église les avaient fait rentrer en eux-mêmes. Ceux de Limoux se soumirent et députèrent au Pape, en 1246, Pierre Raymond, prieur du monastère de Prouille, Géral April et Pierre-Raymond Falcou, pour solliciter le pardon de leur crime d'hérésie (2). Tout signale à cette époque l'oubli des divisions religieuses et la concorde entre le clergé et les habitans. Après avoir créé, en 1256, la fabrique de St.-Martin, les consuls s'occupèrent de la restauration de cette église. On trouve, à la date du 15 septembre 1261, un traité

(1) Archives.

(2) « Ad impetrandum, in curiâ domini Papæ, illud » quod necesse fuerit super facto criminis hæresis homi- » num et mulierum dictæ villæ Limosi, qui delinque- » runt in crimine labis hæreticæ. »

Archives, acte de 1246.

passé entre un nommé Pierre, maître maçon, d'une part, et de l'autre, maître Michel, prêtre et les consuls. Pierre s'oblige de remettre l'église à neuf et d'adapter, autant que possible, en employant des ouvriers habiles, les nouveaux ouvrages aux murs, piliers, arceaux, croisées et toitures (1). Il est possible que l'église était telle que l'indique encore sa nef principale, et qu'alors on éleva ces voûtes à ogives si gracieuses qui environnent le sanctuaire. Pour prix de son entreprise, il fut promis à Pierre une somme de deux sous six deniers pour chaque jour férié et non férié, et pour le dimanche six deniers seulement. Il est à remarquer que ce prix était assez considérable, puisque le blé valait qua-

(1) « Super fabrâ vel opere ecclesiæ beati Martini de » Limoso talis questio intercessit : quod dictus magister » Petrus debet facere et operari, benè et fideliter, ad ho- » norem Dei et utilitatem universitatis prædictæ, prædic- » tam ecclesiam Santi-Martini de Limoso et reficere et » aptare in parietibus, arcubus, testudinibus, ventali- » bus, pilis, quod reficiendum videtur et aptandum, et » ponere in dictâ fabrâ vel opere bonos operarios et uti- » les et discretos proùt ipsi operi cognoverit expedire. »
Arch., acte de 1261.

tre sous le setier, le seigle trois sous, l'orge et l'avoine deux sous six deniers et le muid de vin onze sous (1).

On fit ensuite divers réglemens : il était d'usage que pour droits de sépulture revenant aux desservans, indépendamment de certains honoraires, ils gagnaient les dépouilles du défunt, telles que son lit, ses vêtemens et sa chaussure (2). Ce droit odieux était la source de scènes scandaleuses et produisait peu de revenu (3). La ville s'en libéra moyennant une somme de trente mille sous tour-

---

(1) Archives, acte de 1295.

(2) « Super lectis, vestibus, calceamentis défunctorum,
» qui per ecclesiam de Limoso et procuratores ejusdem
» ecclesiæ recipi consueverunt, et super comestionibus
» clericorum quæ clericis dictæ ecclesiæ dari consue-
» verant. »

Archiv., acte de 1275.

« Super lectis defunctorum et calceamentis et vestibus
» et quibusdam aliis de pecuniâ, quæ indè habuimus et
» habere debuimus. »

Archiv., acte de 1277.

(3) « Propter hoc insuper, ut materia scandali cujusli-
» bet ac jurgii inter clericum et populum evitatur. »

Archiv., acte de 1277.

nois en faveur du monastère de Prouille (1); et pour indemniser les desservans de St.-Martin, le prieur de Prouille leur assigna divers biens et revenus appartenant au monastère, savoir : 1.° le cloître, les maisons et jardins situés au lieu dit l'Ancien Marché, au midi de l'église de St.-Martin et le long de la rue de l'hôpital, avec les cens, leudes et foriscapes qui en fesaient partie. 2.° Cent sous tournois sur le passage des radeaux. Sauf cette somme, ce péage revenait au seigneur de la ville (2). Les radeaux s'arrêtaient pour la perception du droit près du presbytère; on voit encore aux pieds des maisons qui longent la rue l'Airal et qui bordaient auparavant la rivière d'Aude, de grands anneaux de fer qui servaient à leur attache. 3.° Les maisons, situées au septentrion de l'église, bornées par la rue qui aujourd'hui aboutit au Pont Neuf, dont on fit plus tard l'hôpital Notre-Dame (3). Le prieur ajouta à l'assignation, entr'autres biens, quelques pièces de terre, sises au terroir de Notre-Dame

(1) Archives, lettres patentes de 1329.

(2) Archives, acte de 1291.

(3) Archives, voyez le compoids de 1513.

de Marceille, et ne réserva, au profit du monastère, que ses moulins à farine (1).

A l'église de Saint-Martin étaient attachés des notaires qui se qualifiaient *notaires de l'archevêque de Narbonne* (2). Le prieur de Prouille et les consuls réglèrent leurs honoraires, à raison des testamens et des contrats de mariage qu'ils retenaient, selon leur importance (3). Ils réglèrent de plus ce qui devait revenir au prêtre et aux clercs qui célébraient le mariage, pour le dîner dû par le mari, et pour le souper dû par l'épousée, droits qui variaient aussi selon la valeur de la constitution dotale (4).

En ce temps, les habitans de Limoux exportaient les produits de leur industrie dans les états du roi d'Aragon, principalement à Puicerda et à Villefranche en Conflans. La séparation des territoires de ces villes et de celui de Limoux était bien indiquée par une mon-

---

(1) Archives, acte du 4 novembre 1277.

(2) Archives, actes de 1277 et de 1318.

(3) Registre des priviléges, pag. 8. = Acte du mois d'août 1278.

(4) Acte du mois de mars 1298. = Registre des priviléges, pag. 13, recto.

tagne appelée *Roc de Garsias Romi ;* mais on n'avait pas déterminé, dans toute sa longueur, la ligne limitative. Or il arriva, à raison de quelques droits de péage, des scènes violentes, telles, que les marchands de Limoux, privés de sécurité, se dirigèrent ailleurs. Désireux de rétablir d'anciennes et d'utiles relations, Jacques, roi d'Aragon, manda à son fils de faire procéder à la fixation des limites, de veiller à la sûreté des voyageurs et de faire restituer les marchandises saisies. Pour se conformer à ces dispositions (1), Jacques, infant d'Aragon, commit Bertrand Égidii et Bertrand Freïx, de Villefranche ; et, de leur côté, sur l'avis qu'ils en reçurent, ceux de Limoux députèrent Guilhaume de Cougan, consul, et Bertrand Sartres, marchand. Les commissaires se réunirent le 14 avril 1264. On fixa la limite. Les habitans de Villefranche furent convaincus

---

(1) « Super componendâ marchâ quæ dudum extitit » inter villam Podii-Ceritæ et villam de Limoso, *Roc* » *Garsias Romi*....... fuit marchatum....... et auctoritate » nostrâ componatis similiter marcham, quæ est inter » Villam-Francam Confluentis et villam de Limoso. »

Archiv., acte de 1264.

d'injustice; et Bertrand Égidii, commissaire, assisté de Pierre Rubi, juge, de Guilhaume Caribi, jurisconsulte, et de Pierre de Ripullo, accorda, au nom du roi d'Aragon, à tous les habitans de Limoux, la faculté de pénétrer et d'exporter leurs marchandises dans tous ses états, leur promettant secours et protection.

A une industrie florissante, la ville joignait de précieux priviléges concédés par le vicomte de Béziers et confirmés successivement par Simon et Amaury de Montfort et par Pierre de Voisins; mais les descendans de celui-ci n'agirent pas avec la même justice: Guilhaume de Voisins, son fils, seigneur en partie de Limoux, voulut contraindre ses vassaux à aller moudre leurs grains dans ses moulins et à faire cuire le pain dans ses fours. Il usa de violence, ce qui occasionna des désordres. Convaincu enfin de ses torts, et par respect pour la mémoire de son père, il s'engagea à ne plus apporter de trouble aux droits de la ville (1).

---

(1) « Timentes dominum patrem nostrum, quemdam » Petrum de Vicinis. »

Archiv., acte de 1257.

Les habitans de Limoux prisaient surtout la faculté d'extraire des forêts voisines, notamment de celle de *Molet*, vulgairement appelée de *Crausse*, le bois pour les constructions et les réparations des maisons, pour le chauffage, pour la confection des rames de draps, pour les réparations des moulins et des fouleries, et pour toutes sortes d'instrumens, sans être tenus de payer aucune redevance (1). Tous les ans, à une certaine époque, les consuls fesaient publier à, son de trompe, que ceux qui voulaient pourvoir à leurs besoins eussent à se rendre à la forêt. Ils s'y transportaient en grand nombre, et sans demander la délivrance, ils abattaient les arbres qui leur étaient nécessaires. La forêt de Molet, qui avait fait partie de l'assignation en faveur de Pierre de Voisins, était alors d'une grande étendue; mais la population de la ville ayant sensiblement augmenté,

---

(1) « Item affirmat et probare intendit quod tam ipse » quam alii homines de Limoso sunt in possessione et usu » scindindi in dictis nemoribus et aliis circumvicinis et » faciendi et portandi ligna, cabirones, tendas » pannorum, massas molendinorum, rapas et bairas car» raciorum et alia lignaria utilia et necessaria...... »

Archiv., acte de 1284.

ses besoins devinrent pour les descendans du concessionnaire une charge telle, qu'ils tentèrent de s'en exonérer. Ils poursuivirent d'abord en justice divers individus, dont les consuls prirent le fait et cause. En l'année 1288, Jean de Voisins, frère de Guilhaume seigneur de Limoux, et propriétaire de la forêt, surprit un ordre du Roi qui en défendait l'entrée; le bailli royal, Arnaud de Alanhan, fit publier ces défenses, et un sergent, portant le brandon aux armes du Roi, mit la forêt sous la sauve-garde de la justice (1). Au mépris de toutes ces mesures, les publications d'usage furent faites de l'ordre des consuls. Le jour indiqué pour l'exploitation, c'était la fête des apôtres Jacques et Philippe, on apprend que Jean de Voisins s'est porté à la forêt pour s'opposer par la force à toute entreprise. Alors les consuls convoquent le conseil de la ville; ils appellent ensuite les habitans, un homme

(1) « Contrà inhibitionem factam dictis hominibus per » baiulum domini Regis et contrà inhibitionem nuncii » domini Regis, portantis baculum signatum signo do- » mini Regis, qui expressè inhibuerunt dictis hominibus, » ex parte domini Regis, ne intrarent...... »

Archiv., acte de 1288.

par maison; on se réunit à la hâte; environ trois mille individus, munis d'épées, de haches, de serpes, de couteaux, de frondes et de bâtons, se dirigent vers la forêt (1). Jean

---

(1) « Qui sunt de Limoso, cum quibusdam aliis hominibus eorum complicibus de Limoso, maximâ turbà hominum collectâ et congregatâ per illos, qui se dicunt consules de Limoso, deliberato concilio super hoc habito, cum suis conciliariis, de quâlibet domo uno homine, exercitum facientes benè quatuor millium vel circà, ad nemus vocatum de Moleto, quod est dicti Johannis et fuit patris ipsius, venerunt, irruendo more hostili, et temerariâ ducti audaciâ, contrà bonum s atum, et pacem violando, cum baculis, fustibus, rapa-rellis, securibus, podadoriis, assiis, costaleis, ensibus, fundis et aliis generibus armorum. »

Archiv., acte de 1288.

NOTA. Ce passage est extrait de la plainte adressée à la justice par Jean de Voisins. On y a remarqué qu'il porte à quatre mille hommes le nombre de ceux qui se transportèrent à la forêt; mais dans le mémoire justificatif, présenté par les consuls, on lit les passages suivans :

« Item Guillelmus Petrus de Turroni dicit quod duo millia fuerunt homines de Limoso, qui, dictum nemus intrantes, arbores destruxerunt. Colligitur ex præscriptis, per duos primos testes, quod tria millia hominum de Limoso, quorum alii enses, etc.......

» Cum etiam denuntians dixit quod turba hominum

de Voisins s'y était retranché avec une multitude de gens, à pied et à cheval, couverts de casques et de cuirasses, armés d'arcs, de frondes, de lances et d'arbalètes (1). Dès leur arrivée, ceux de Limoux, sans tenir aucun compte des obstacles, tentent d'user de leurs droits; irrités par les traits, les flèches et les cailloux qu'on leur lance et qui leur causent des blessures, ils se précipitent sur la troupe ennemie et la mettent en fuite; ils pénètrent ensuite dans la forêt; ils mutilent, écorcent et abattent un grand nombre d'arbres, qu'ils

---

» fuit collecta per illos, qui se dicunt consules, et deliberato concilio, cum conciliariis suis, circà quatuor millia » hominum, quo carent, et exercitum facientes, etc. »

(1) « Johannes, cum multitudine hominum armatorum, » fuit ibi resistens eisdem, ne ligna scinderent in ipso » nemore, impediens eos in dictâ quasi possessione; qui » quidem homines armati emittebant sagittas cum archiis » et cayrollos cum ballistis et tela et lapides contrà dictos » homines de Limoso. »

« Prædicti denunciati hunc invenerunt, in dicto nemore, cum congregatâ multitudine hominum, archos » portantium et ballistas, lanceas, capellos ferreos et » loricas, equitantium et peditorum, Johannem de Vicinis domicellum...... »

Archiv., acte de 1288.

traînent ou dont ils chargent leurs bêtes de somme, et rentrent ainsi triomphans dans leurs domiciles. Cependant Jean de Voisins, cédant à la force qu'il avait provoquée, eut recours à la justice. Une plainte fut adressée à Jean de Marolles, viguier de Minervois et lieutenant du sénéchal de Carcassonne, qui commit M.es de Pinsis et Amat, notaires de la cour du sénéchal, et leur enjoignit de se transporter à Limoux pour procéder à une information. Six cent soixante-dix-huit individus furent mis en accusation et interrogés par les commissaires. Des syndics furent nommés pour les représenter et les défendre; de ce nombre, je remarque Pierre Négre, clerc, et Pierre de Cournanel, consul, qui comparurent devant Simon Brise-Teste, sénéchal, et Pierre Raymondi, son juge-mage. Ils soutinrent que les habitans de Limoux jouissaient de droits d'usage dans la forêt de Molet depuis un temps immémorial; qu'ils avaient le droit de porter les armes pour protéger leurs biens et repousser la violence, et qu'ils n'avaient usé, envers Jean de Voisins, que de la plus légitime défense. Ils offrirent de faire la preuve de leurs assertions. De nombreux témoins furent ouïs; et, à l'appui de leur système, les syndics produisirent un mémoire justificatif, qu'avaient rédigé six jurisconsultes. J'ignore le résultat de cette grave contestation. Il est certain néanmoins que la ville fut maintenue dans les facultés qu'elle réclamait, qu'elle ne cessa d'exercer dans la suite, et qu'elle a toujours énoncées dans ses reconnaissances et les dénombremens de ses droits.

Dans la ville, des scènes éclatèrent aussi à l'occasion des obstacles apportés par le seigneur à la jouissance de ses priviléges. Il fallait les déterminer et les fixer par écrit pour assurer la tranquillité publique. Le quatrième jour des calendes de juin 1292, Guilhaume de Voisins et les consuls Bernard de Bosc, Bernard Cervel, Guilhaume Assalit, Pierre Segur, Pierre d'Alagne et Pierre Négre, choisirent pour arbitres M.e Guilhaume de Cubières, jurisconsulte, de St.-Paul, Guilhaume Magri, du lieu du Puy, et Bernard Propi de Limoux (1). Les droits dont la ville réclamait l'exercice furent d'abord exposés aux arbi-

(1) Archives, registre des priviléges.

tres. Ils concernaient la police, la liberté individuelle, l'administration de la justice criminelle, la rebellion contre l'autorité, la répression des crimes, les poids et mesures, etc. Les arbitres se hâtèrent de répondre favorablement à toutes ces exigences, à la charge toutefois par la ville de payer au seigneur une indemnité de six mille sous tournois, deux mois après qu'il aurait ratifié la sentence. Le jour de sa prononciation, elle fut approuvée par toutes parties, et ce même jour, Guilhaume de Voisins et Pierre de Voisins, son fils, reconnurent divers autres priviléges touchant le droit et l'administration de la propriété, la résidence et l'établissement des étrangers, la garde des récoltes, la vente des denrées et marchandises, les usages dans les forêts voisines, la répartition de la taille, la prohibition des jeux de dés et de hasard, la conservation des places publiques, les vices rédhibitoires des animaux vendus au marché, les devoirs des officiers de justice, les engagemens des chefs de métiers, les tailles que les habitans pouvaient s'imposer, la défense aux marchands étrangers de venir vendre leurs draps dans la ville, et enfin les honoraires des notaires pour les instrumens qu'ils retenaient et les actes de procédure (1).

Ces concessions, obtenues de gré ou de force, auraient dû rétablir la concorde. Il paraît qu'il en fut ainsi dès le principe, puisque au mois de janvier 1294 on régla à l'amiable les droits de leude, revenant à Guillaume de Voisins, sur les radeaux flottans sur la rivière d'Aude, à leur passage à Limoux. Mais cet état de choses ne fut pas de longue durée: Philippe le Bel, lors régnant, n'agréait point la sentence approbative des priviléges, et les habitans, attribuant ce refus aux démarches secrètes de leur seigneur, se livraient contre lui à des vexations de tout genre. Guilhaume de Voisins demeura convaincu que désormais il ne lui était plus possible de ramener les esprits. Contraint d'abandonner ses droits, il proposa au Roi un échange. Déjà, depuis plusieurs années, il avait été question de réunir la ville, devenue considérable, au domaine de la couronne. Le Roi manda à Jean de Aureblay, sénéchal de Carcassonne, d'accueillir cette proposition si elle paraissait avantageuse, avec

(1) Archives, registre des priviléges.

ordre aux officiers de justice de protéger Guilhaume de Voisins contre les insultes et la violence. Après une exacte recherche, le sénéchal s'assura que les revenus de la ville s'élevaient à la somme de six cent quatre-vingt-dix-huit livres parisis onze sous, dont six cents livres parisis, ou sept cent cinquante livres tournois, revenaient à Guilhaume de Voisins. Il proposa de lui céder en échange les lieux de Cuxac, Caudebronde, y compris le fief de Pierre-Roger, Moussoulens, Pesens, Grèzes, Villalbe-la-Haute, Roulens, Maquens, qui produisaient ensemble sept cent trente-une livres tournois, devant compléter le revenu de sept cent cinquante livres par une somme de trois cent cinquante livres à prendre sur le trésor royal. Par cet ordre, Gausserande, épouse de Guilhaume de Voisins, renonçait à tout ce qu'elle pouvait prétendre sur la ville à raison de sa dot, et les droits de Jeanne de Voisins, épouse de Pierre de Messalan, étaient réservés. Cette proposition fut acceptée par Guilhaume de Voisins et plus tard par le Roi, qui, par une charte du mois de juin 1296, sanctionna les réglemens relatifs aux priviléges.

On pouvait espérer de jouir paisiblement

du bénéfice de cet acte solennel; mais cet espoir ne devait pas se réaliser de sitôt. Le Roi, voulant se procurer des ressources pour continuer la guerre de Flandres, envoya en 1302 des commissaires dans la province pour affranchir, moyennant finances, les peuples de toute servitude et les faire jouir de diverses prérogatives. Bertrand-Raymond Sartres et Bernard Courtauly, consuls, s'étant présentés à Richard Nébot, archidiacre de Lisieu, un des commissaires, lui exposèrent que la ville avait à se plaindre des officiers du Roi à cause du mépris qu'ils fesaient de ses priviléges; ils offrirent pour en obtenir le maintien d'en venir à composition. Ces plaintes furent reçues comme elles devaient l'être : reconnaissant que les habitans de Limoux étaient libres de toute ancienneté, l'archidiacre de Lisieu confirma leurs droits, en accorda de nouveaux et ordonna que les officiers de la justice royale, avant d'entrer dans l'exercice de leurs charges, jureraient, entre les mains du sénéchal, de les faire observer. Tout cela fut consenti à la condition qu'il serait versé au trésor une somme de huit mille livres (1).

(1) Registre des priviléges, pag. 23.

Tels étaient les titres nombreux qui assuraient des avantages dus à une longue jouissance et à de grands sacrifices; mais un évènement mémorable devait encore une fois en suspendre l'exécution. Depuis l'établissement des tribunaux de l'inquisition, les peuples étaient en proie aux vexations les plus odieuses: sous prétexte d'hérésie, on livrait sans pitié des innocens à la torture. En 1291, les habitans de Carcassonne se plaignirent au Roi, qui manda au sénéchal de ne laisser incarcérer que ceux manifestement entachés d'hérésie; mais le sénéchal ayant voulu faire exécuter cet ordre, ses officiers furent excommuniés par l'inquisiteur Nicolas d'Abbeville. Peu de temps après, les troubles causés par l'hérésie nouvelle des *Fratricelles* portèrent le Roi à la sévérité. Profitant de cette circonstance comme d'un encouragement donné à leur zèle, les inquisiteurs se livrèrent à des violences et firent souffrir des tourmens inouis. De nouvelles plaintes, portées au pied du trône, furent écoutées, et les peuples, se voyant secondés, usèrent de représailles. Le Roi sentit alors la nécessité de venir en personne rétablir la tranquillité publique. Étant à Toulouse, au mois de janvier 1304, il rendit une ordonnance touchant les mesures à prendre pour la poursuite des hérétiques, et par sa présence et ses bienfaits il ramena ceux qui voulaient se soustraire à son obéissance.

Mais ses efforts ne purent arrêter l'oppression tyrannique des inquisiteurs; elle fut telle, que pour la secouer on recourut à la révolte. Ce n'était que depuis peu d'années que l'autorité des Rois de France s'exerçait dans cette contrée trop éloignée de leur résidence; et leur puissance ne se fesait sentir alors que par les injustices des gouverneurs et par les subsides qui accablaient les peuples. Dans le voisinage, au contraire, régnait un prince qui leur avait toujours été favorable. Pierre II, roi d'Aragon, suzerain des comtes de Carcassonne et de Rasez, avait grandement secondé Trencavel dans la fatale guerre des Albigeois; et depuis on a vu que Jacques II, son fils, s'était plu à encourager l'industrie de ses arrières vassaux. Dans l'espoir d'obtenir de ses descendans une protection puissante et une administration modérée, les consuls et plusieurs habitans de Carcassonne entreprirent de livrer leur ville à Fernand, fils de Jacques II, à la fois roi de Majorque, comte de Roussillon, de Cerdagne et de Conflans. Ils conclurent dans leurs assemblées secrètes de le reconnaître pour souverain, et lui députèrent Bertrand Délicieux, moine de l'ordre des cordeliers, ennemis jurés des frères-prêcheurs qui dirigeaient l'inquisition; celui-ci, muni d'une lettre des consuls, s'étant rendu auprès de l'infant, en reçut un cordial accueil et fut chargé d'assurer ceux qui l'avaient envoyé de sa protection et de son amitié (1). Cette réponse porta les conspirateurs à le proclamer à Carcassonne. Ceux de Limoux, intruits de cet évènement, se hâtèrent de s'y associer. Inopinément les consuls et un grand nombre d'habitans se soulèvent; ils renient leur Roi, ils détruisent la maison des frères-prêcheurs, et se livrent aux excès les plus graves (2).

Cependant, le jour de l'autorité étant venu, des chefs de la sédition sont arrêtés, tandis que d'autres prennent la fuite. Le sénéchal forme un tribunal extraordinaire du vicomte

---

(1) Hist. gén. de Languedoc, t. vi, pag. 129. = Hist. de Carcassonne, par Bouges, pag. 608.

(2) Voy. plus bas les lettres patentes de 1307.

de Narbonne et de douze barons terriens de la sénéchaussée. Au mois de septembre 1305, huit consuls du bourg de Carcassonne et huit des principaux conspirateurs furent condamnés à être pendus. Leur exécution eut lieu le lundi avant la fête de St.-Michel; leurs biens furent confisqués, et la ville, condamnée à une forte amende, fut privée du consulat et de ses priviléges. On s'occupa ensuite de ceux de Limoux : quarante des principaux habitans, au nombre desquels étaient quatre consuls, furent condamnés à être pendus. Vainement les consuls appelèrent de cette sentence au Roi; ils furent exécutés en robe de cérémonie, avec leurs complices, la veille de St.-André de l'année 1305; leurs biens furent confisqués, et la ville, privée du consulat et de ses priviléges, fut condamnée à une amende de trente mille livres.

Ainsi humiliée, elle tomba sous l'administration unique des officiers royaux. Déjà cinq mille livres avaient été versées dans les caisses du trésor, lorsque le Roi, touché de ses malheurs, accorda, le 16 août 1307, des lettres de grâce portant rétablissement du consulat. Je ne dois point passer sous silence la cérémonie qui eut lieu à ce sujet : Bernard Propi et Guilhaume Pauta, bourgeois et syndics de la ville, se présentèrent à Pierre Peytavy, juge-mage de la sénéchaussée, pour le supplier de se transporter en personne à Limoux, afin de rendre publiques les grâces du Roi. Ce magistrat s'y rendit avec sa suite le 20 septembre 1307 ; les habitans furent appelés, par le *sent* ou beffroi (1), dans l'église de St.-Martin ; là les syndics produisirent les lettres Royaux, scellées en cire verte sur des lacets de soie ; le juge-mage en fit donner lecture à haute voix par maître Pierre Roca, juge de Minervois (2) ;

(1) Sent de *Senatus* assemblée.

(2) « Philippus, Dei gratiâ francorum rex, notum facimus universis tam præsentibus quam futuris, quod, cùm propter seditiones, inobedientias, fractiones domorum et alios excessus hominum de Limoso, consulatûs necnon universitatis beneficio fuerint homines ipsi privati perpetuò, ac in triginta millibus librarum turonnensium parvorum nobis dandis condemnati, per definitivam sententiam nostræ curiæ Carcassonnensis, ex parte etiam....... Consulum dicti loci, qui tunc erant, appellatum fuisset à dictâ sententiâ; nos attendentes quòd populus dictæ villæ, pristinis temporibus, nobis ac nostris progenitoribus, obediens extitit et devo-

elles portaient que le Roi, considérant le dévouement que la ville avait témoigné dans d'autres temps à lui et à ses prédécesseurs,

---

» tus; et insuper, quòd excessus prædicti commissi fue-
» rint ex arrepto, quibusdam singularibus personnis
» causam præstantibus; quorum aliqui pænam suam por-
» tasse noscuntur; quòd insuper quamplures boni homi-
» nes dictæ villæ dictis excessibus nullatenùs consenserint,
» quum potiùs viriliter resisterunt, ne committerentur
» pejora, modum inordinatum populi fideliter refrenan-
» tes; propter bonos qui non peccaverunt, aliis, si qui
» fortè peccaverant, qui hucusque puniti non sunt, re-
» mittimus, per regiam clementiam, nolentes quod ex
» nunc, pro prædictis excessibus, aliqua infligatur moles-
» tia universitati seu aliquibus singularibus hominibus
» dictæ villæ; et omnem, si quam fortè contraxerint ma-
» culam infamiæ, ex præmissis tollimus perpetuò ab ho-
» minibus dict loci, et eos nobis devotos, fideles ubique,
» censeri volumus, nostrâque gratiâ necnon protectione
» gaudere, pænâ singularum personnarum dicti loci, qui
» jam puniti propter præmissa fuêre, in suo robore per-
» manente; remittentes eisdem condemnationem dictarum
» triginta millium librarum turonnensium, quantitate
» quinque millium librarum turonnensium debilis mo-
» netæ, quam jam solverunt de summâ condemnationis
» prædictæ, exceptâ. Prætereà, quià, prout à fide dignis
» accepimus, locus ille meliùs gubernebitur, si consules
» et universitatem habent homines dicti loci, benignitatis

la punition des coupables et la fidélité de ceux qui avaient arrêté les désordres, remettait aux habitans ce qui restait dû de l'amende qui leur avait été infligée; accordait le pardon à tous

---

» favorem ampliantes, eis consulatum restituimus et
» concedimus perpetuum auctoritate nostrâ regendum, et
» usus bonos, ac consuetudines approbatas, scriptas et
» non scriptas, quibus ante dictam gaudebant sententiam,
» concedimus hominibus dicti loci; concedentes eisdem
» quod, annis singulis, consules eligantur in dicto loco,
» nobis et honori nostro tamen devoti, proùt ante dic-
» tam sententiam fuerat consuetum; iidemque consules
» sic electi nostro vicario Limosi, qui pro tempore
» fuerit, præsententur per alios qui eos præcesserint.
» Idemque vicarius administrationis eorum recipiat ju-
» ramentum, in quo juramento, quòd jura nostra fide-
» liter custodiant specialis mentio habeatur. Item resti-
» tuimus eis duo pergamina litterarum sigillo nostro in
» cerâ viridi sigillatarum, continentium confirmationem
» quorumdam jurium et libertatum eis concessorum,
» quæ litteræ penes nostram curiam ex causâ fuerant ar-
» restatæ. Volentes quòd contentis in eisdem litteris, fu-
» turis temporibus, gaudeant et utantur, quarum littera-
» rum una sic incipit.....,.... Quòd ut ratum et stabile
» perseveret, præsentibus litteris nostrum fecimus apponi
» sigillum. Actum apud pissiacum anno domini millesimo
» trecentesimo septimo, mense augusti. »

Archives.

ceux qui auraient dû être punis; restituait les titres qui consacraient les priviléges, et rétablissait le consulat, avec charge aux consuls annuellement élus, avant d'exercer leurs fonctions, de jurer, entre les mains du viguier, de lui être fidèles et de faire respecter son autorité. Après cette lecture, le juge-mage remit les lettres aux syndics et ordonna qu'il serait immédiatement procédé à l'élection des consuls (1). Il en fut ainsi: Guilhaume Camblieure, Bernard de Cournanel firent partie du consulat (2); et, dès ce temps, les priviléges furent jouis sans obstacle.

(1) Registre des priviléges, pag. 1.
(2) Registre des priviléges, pag. 40.

CHAPITRE IV.

État de Limoux au commencement du XIV.e siècle. = Évènemens divers.

Suspendons un instant le cours des évènemens pour jeter les yeux sur l'état physique et industriel de notre ville, et sur la nature de ses institutions municipales, au commencement du quatorzième siècle.

Il s'en fallait beaucoup qu'elle fut telle qu'elle est aujourd'hui : environnée de faubourgs (1), elle occupait au midi l'esplanade (2) et s'étendait vers le septentrion jusqu'aux vestiges de l'ancien moulin de la Fargue, connus aujourd'hui sous le nom de *las Capelletos* (3);

---

(1) Et quià prædicta villa adeò longua, vel dispersa et » extensa existit, quod ipsa tanta nequiret, *cum ejusdem* » Suburbiis, fortaliciis circumdari, et intra dicta fortali- » cia sive muros claudi et muniri, nec dicta clausura » inter villam et *Suburbia* commodè fieri, absque des- » tructione nonnullorum ædificiorum ortorumque et loco- » rum parvi valoris ac evulsione arborum inibi existen- » tium. »

Archiv., acte de 1350.

(2) On y remarque encore des restes de pavés.

(3) Pour donner la preuve de cette extension, je dois rapprocher quelques passages des mémoires relatifs à la contestation soulevée, en 1328, par les Dames de Prouille contre la ville, touchant le moulin de la Boucarie.

« Item quòd existenti dicto molendino de Bocariâ, cum » paxeriâ et jonali prædictis, erant adhuc octo rotæ seu » molæ bene molentes in dicto molendino superiori de » Farguâ.

» Item quòd existenti dicto molendino cum paxeriâ et » yonali prædictis in statu prædicto, erat dicta via mu- » nita et larga, a parte dexterâ in ripam dicti fluminis » ascendendo, altior dictâ aquâ per duos palmos cannæ » vel circà, per quam liber et tutus accessus in duo mo-

son mur d'enceinte, ses tours, ses fossés n'existaient pas encore; il est vrai que précédemment elle avait été fortifiée, puisque des actes

---

» lendina prædicta videlicet à dicto molendino superiori » usque ad pontem de Cogagno. »

Mémoire de la ville.

Ainsi, sur la rive droite de l'Aude en remontant et en aval de la ville, était situé le moulin de la Boucarie appartenant aux Religieuses de Prouille, et entre ce moulin et la ville se trouvait celui de la Fargue.

« Item quòd dictum molendinum (de Bocariâ) nec » ejus paxeria non possunt nocere, quià sunt subtùs eam » per ducentas quinquaginta brachiatas et ultrà.

» Item quòd inter molendinum et paxeriam et dictam » villam est quoddam aliud molendinum de Farguâ et » paxeria ejus, cujus jonale est altius tribus palmis et » paxeria per sex palmos quòd fuerunt jonale et paxeria » dicti molendini. Quòd jonale et paxeria distant a mo- » lendino dictarum monalium per ducentas quadraginta » brachiatas. »

Mémoire des Religieuses.

Le moulin des Religieuses était distant de la ville d'environ deux cent cinquante brasses, et du moulin de la Fargue de deux cent quarante brasses, et par conséquent celui-ci était à dix brasses en aval de la ville. Or, pour trouver la longueur de la brasse, il faut lire le passage suivant :

« Item quià, si quod damnum in futurum dari contin-

authentiques font mention des portes *Forone* et de la *Toulsane* (1); mais je crois que Simon

---

» get dictæ villæ ex inundatione aquarum, vel nuper » datum fuerit, hoc provenit et proveniet non propter » dictam paxeriam, sed magis propter factum et culpam » habitantium in dictâ villâ, quod patet primò, quòd » ipsi fecerunt quemdam pontem lapideum in dicto flu- » mine, in dictâ villâ, quòd et ejus pilaria occupant plus » quam quindecim brachiatas latitudinis dicti fluminis. »

Mémoire des Religieuses.

A cette époque on venait de construire le pont neuf, dont les piles occupaient dans le lit de la rivière environ quinze brasses; or, en mesurant aujourd'hui ces mêmes piles, on voit que les quinze brasses répondent à sept toises et demie, d'où il suit que la brasse n'avait que trois pieds. En adoptant cette mesure, il résulte des passages cités : 1.° que le moulin de la Fargue occupait *las Capellctos*, qui ne peuvent être du reste que les masures d'un ancien moulin; 2.° que la ville était à cinq toises en amont du moulin de la Fargue, ce qui se concilie parfaitement avec les lettres patentes de 1350. (Voy. plus haut, note 1, page 94.)

(1) « Cum omnibus aliis ortis, qui sunt ab ipsâ fortiâ » usque ad portam Foronam. »

Hist. gén., de Langu., t. II, pag. 539.

« Super possessionibus, quæ sunt propè portam Tolsa- » nam, in terminio Limosi. »

Archiv, acte de 1275.

de Montfort, en rasant le château, l'avait démantelée (1). La plupart des rues étaient pavées ; des puits publics tenaient lieu de fontaines (2) ; et les maisons, bâties en maçonnerie jusqu'au premier étage, s'avançaient au-dessus en torchis, lesquels rendaient les rues obscures et portaient obstacle au passage des charriots et à la circulation de l'air (3).

Elle était divisée en six quartiers ou mandemens, savoir : l'Église, la Trinité, la Toulsane et la Foire, situés sur la rive gauche de l'Aude, et sur la rive droite la Blanquerie, formée des quartiers St.-Antoine et St.-Jean (4). Comme le château de Flacian avait été réuni à la ville, ces quartiers datent d'époques diverses. Ainsi celui de l'Église paraît avoir formé dès le principe la majeure partie de Limoux : ses rues étroites et tortueuses indiquent son ancienneté ; d'ailleurs là étaient l'église, le

---

(1) Il en fut ainsi à Carcassonne. Voy. Statistique du département, par M. Trouvé, pag. 173.

(2) Délibérations du conseil de la ville de l'année 1688.

(3) Délibération du 3 octobre 1778.

(4) Registre des priviléges, pag. 1. = Et les anciens compois.

cloître, l'hôpital, l'ancien marché (1), le pont vieux et la maison du consulat, qui constituent tout ce qui est à l'usage public d'une communauté. Le quartier de la Foire ressemble assez par sa disposition à celui de l'Église; il renfermait le palais de justice, situé à la grand'rue près de la place actuelle (2); mais la Trinité et la Toulsane, dont les rues sont larges et bien alignées ont une date plus récente.

Sans pouvoir signaler quelle était sa population, soit qu'on ait égard à son ancienne étendue, soit au nombre des habitans qui se portèrent en 1288 à la forêt de Molet, il est certain que depuis elle a diminué. Alors paraissaient au premier rang les familles de Messalan, de Flacian, de Cougan, de Cournanel, de La Digne, d'Alaigne, Fabre de Marceille, de Villemaurin, de Aniort, de Bosc, de Cu-

---

(1) « Videlicet domos, ortos, arcas, census, foriscapia, » laudinia et alias proprietates quas et quæ dictum monasterium de proliano habet et habere debet in loco vocato » *ad mercale vetus in terminio sancti Martini de Limoso*, qui locus affrontat ex unâ parte in viâ cave, ex » aliâ, in viâ publicâ quam vocant *via hospital.* »

Acte de 1277.

(2) Voy. le compois de 1513.

bières, Camblieure, Nigre, Propi, Cervel, Paute, Sartres et April; tous ces noms ont disparu.

Son territoire produisait du blé, de l'orge, du seigle, de l'avoine et un vin qu'on a toujours estimé. Le maïs, qui est aujourd'hui un objet important de culture, n'était pas connu; ce n'est que deux siècles plus tard, que l'Amérique nous a dotés de cette céréale.

Mais la ville était essentiellement industrielle; alors de grandes routes et le Canal du Midi ne facilitaient pas l'écoulement des produits de la province; alors le Roussillon ne fesait point partie de la France. Située sur la frontière, touchant d'un côté à des contrées fertiles, à des villes commerçantes, elle avoisinait de l'autre le Roussillon et le royaume d'Aragon; elle était donc un entrepôt de commerce avec l'Espagne, et devait retirer de grands avantages de sa position. Aussi, au dehors, quoique les transports ne pussent s'effectuer qu'à dos de mulet, on exportait une quantité considérable de vin, de draps, de blé et de farine; et dans ses murs se tenait, annuellement et de toute ancienneté, une foire fort fréquentée des étrangers, laquelle durait quinze jours, savoir : sept jours avant et sept jours après la fête de St.-Georges (1).

La fabrication des draps était, comme le disaient nos pères, *la nourrice du pays* (2). Dès les temps les plus reculés, les nombreux troupeaux de bêtes à laine, qu'on élève dans les montagnes voisines, durent les porter à s'en occuper. Pline nous apprend qu'on fabriquait des draps à poil ras aux environs de Pézenas (3). Du reste tout rappelle l'ancienneté de cette industrie : les noms des rues (4), les titres les

---

(1) « Que de toute ancienneté ils ont foire établie » audit lieu de Limoux, qui dure quinze jours entiers, » chacun an, et commence ladite foire sept jours devant » la fête de saint Georges, et dure par sept jours après, » et le jour de ladite St. Georges, dont lesdits supplians » ont toujours d'ancienneté joui pleinement et paisible- » ment et encore jouissent du présent, en payant les droits » royaux. »

Archiv., acte de 1489.

(2) Archives, acte de 1489.

(3) « Istriæ Liburnæque pilo propior quam lanæ, pexis » aliena vestibus et quam Salacia scutulato textu commen- » dat in Lusitaniâ ; similis circà Piscinas provinciæ Nar- » bonensis. »

Pline, hist. naturelle, liv. 8, n.° 73.

(4) Les rues de la Parerie, de la Parerie Neuve, de la Clède, de la Bourrerie.

les plus anciens (1), l'existence de moulins à foulon, et pour leur entretien et celui des rames, la faculté de prendre le bois nécessaire dans les forêts voisines (2). J'ai lu dans le leudaire de 1267, qu'on fabriquait des draps ordinaires, de la futaine blanche, verte, noire et bigarrée; et dans Lapopelinière, qu'on s'occupait aussi de fins estamets (3). Les laines indigènes servaient seules à leur confection; on les teignait avec le redoul, la gaude, la garance, le trintanel et le pastel (4). Tous ces produits s'écoulaient principalement dans les états du roi d'Aragon, ou bien aux foires de Pézenas, Montagnac, Toulouse et Avignonet (5); et, dans la ville, les marchands jouissaient de ce privilége, qu'il n'était point permis aux étrangers

(1) Acte de 881, hist. gén., t. II, preuv., pag. 18. = Acte de 899, *ibid*, pag. 38. = Leudaire de 1267. = Actes de 1264, 1292, 1294. Archiv.

(2) Voy. pag. 75.

(3) « Limoux, l'une des plus grandes du moins des » plus riches villes de Languedoc pour le fait des mar- » chandises qui s'y exerce, même *de fins estamets qu'ils* » *débitent en Espagne.* (Liv. 8.)

(4) Archiv., acte de 1331.

(5) Archiv., acte de 1403.

d'exposer leurs draps en vente sur la place publique, ils pouvaient seulement les colporter, à moins même que les consuls n'en eussent ordonné autrement (1).

Outre cette branche d'industrie, on s'adonnait avec succès au commerce des grains et du minot; les produits du pays étaient insuffisans, mais les lieux circonvoisins y trouvaient leurs débouchés. Sauf une modique quantité de blé qui se vendait en nature, le reste s'exportait en Espagne après avoir été converti en farines (2). Alors étaient en jeu le mou-

---

(1) « Item quòd nullus extraneus, undecumque sit, » possit in villâ de Limoso conducere seu locare tabulam » seu tabulas, causâ vendendi pannum vel pannos, nec » in eis, nec in solo ponere vel tenere. Aliter verò possit » vendere et distrahere pannum suam vel pannos in foro » Limosi, eundo vel eosdem deferendo, nisi consules » aliud super hoc duxerint. »

Acte de 1292. — Reg. des privil., pag. 36.

(2) » Item quod singuli habitatores ipsius loci, qui nunc » sunt et pro tempore fuerint, possint et liceat liberè et » immunè extrahere, portare et extrahi ant portari fa» cere extrà regni fines franciæ et alibi, pro libito volun» tatis absque petitione seu solutione quatuor denariorum » pro librâ, et aliâ quâcumque redibentiâ et onere tunc

lin de *Mastellent*, situé auprès de l'église de Marceille, appartenant à l'archevêque de Narbonne (1); le moulin de la *Boucarie*, des Religieuses de Prouille (2); le moulin de la *Fargue* qui occupait le lieu dit *las Capelletos* (3); le moulin de *l'Envie*, en amont du pont vieux (4);

» imposito vel imponendo, videlicet annuatim, *mille* » *saumatas bladi* et centum cargas pannorum per tem» pus infra scriptum. »

Archiv., acte de 1365.

(1) Voy. plus bas, pag. 109, note 1.

(2) En 1328 ce moulin était de dix meules. « Item nec » obstat, quòd ex adversario opponitur, quòd in dicto » molendino sunt nunc decem rotæ molentes simul, et in » eodem contextu, per eamdem paxeriam. »

Mémoire des Religieuses.

(3) Ce moulin était de huit meules : « Item quòd exis» tenti dicto molendino de Bocariâ cum paxeriâ et jonali » prædictis, erant adhuc octo rotæ seu molœ, bene mo» lentes, in dicto molendino superiori de *Farguâ*. »

Mémoire de la ville.

(4) « Molendina etiam quæ ab utroque capite pontis » novi constructa et ædificata erant in dictâ villâ de » Limoso. »

Archiv., acte de 1356.

C'est par erreur qu'on énonce le pont neuf : ces usines, dont l'une consistait en une foulerie, et qui existent encore, occupent les deux têtes du pont vieux.

le moulin de Sourgne (1); un moulin à l'affluent du Rieux, appartenant à la famille de Messalan; un moulin à Maynard (2); un moulin à Brasse (3), et plusieurs autres encore, dont l'existence n'est attestée que par leurs vestiges. Ce commerce paraît avoir été florissant. La source n'en fut tarie que par la réunion du Roussillon à la France, et par la confection du canal du midi (4). Il n'en reste, pour en perpétuer le souvenir, qu'une fête annuelle, *la partie des meuniers*, qui doit son origine à l'usage où étaient les meuniers de parcourir la ville, le mardi gras, jetant et offrant des dragées et suivis de ménétriers jouant sur des hauts-bois et le tambourin un air fort chéri encore (5).

---

(1) « Josephus de Sornhano. »
Archiv., acte de 1246.

(2) Voy. le compois de 1543.

(3) « Pro quodam molendino, sito in ripariâ Atacis ubi » dicitur ad rupem in terminali de Bratiâ. »
Archiv., acte de 1318.

(4) Voyez un mémoire adressé aux États de la Province dans le 18.ᵉ siècle. Il est imprimé.

(5) Les dragées sucrées n'ont paru en France que vers la fin du 15.ᵉ siècle. Au lieu du sucre on employait le miel.

La pelleterie enfin occupait une partie des habitans, ceux notamment qui résidaient dans la Petite-Ville, appelée alors la *Blanquerie*. On tannait toute espèce de cuirs ; on préparait des peaux d'écureuil, de lièvre, de lapin, de martre, de loutre, de fouine, de chat sauvage et de renard (1). Une enquête, faite en l'année 1283, nous apprend que ces marchandises étaient exportées vers Sorèze, sans être soumises à aucun droit de leude (2). Alors les fourrures, beaucoup plus en usage, servaient de vêtement aux deux sexes (3). Cette indus-

---

(1) Leudaire de 1267. = Registre des privil., pag. 29.

(2) De nombreux temoins furent entendus. Je me contente de citer une seule déposition : « Bertrandus Ugel, » de Bromio, dixit quod ipse, XX anni sunt, et à dicto » tempore circa, et a II annis superiori tempore, pluriès » transivit per Stratam, quæ itur de Bromio versùs Villis- » pino et de Villispino versùs Soricinium, *cum coriis pa-* » *ratis et cum coriis cum pilo*, quæ erant hominum de » Limoso et aliquandò cum blado alieno ; et vidit similiter » transire etc. »

Archives.

(3) « Item cada rauba faita de conils deu pagar........ » Item cadauna pelissa, qué es portada al col ou as brasses, » deu pagar un dénier per leuda. »

Leudaire de 1267, pag. 7.

trie a cessé avec ces costumes; on ne compte aujourd'hui qu'un petit nombre de tanneurs et de fabricans de chapeaux.

Tels étaient les élémens de prospérité qui firent de Limoux, à cette époque comme depuis, une des villes sinon des plus populeuses du moins des plus riches de la province (1). Avec ces avantages, elle jouissait de précieuses institutions; et, sans vouloir m'étendre sur ce sujet, il suffira de signaler ce qu'il offre de plus intéressant.

L'administration était confiée à des consuls annuellement élus : le jour de St.-Jean-l'Évangéliste, qui est le lendemain des fêtes de Noël, les consuls sortans, réunis dans la maison du consulat, nommaient onze notables de chaque quartier; lesquels, au nombre de soixante-six, formaient le corps des élisans. Chacun d'eux, appelé séparément, déposait son vote après avoir prêté le serment de nommer pour consuls nouveaux « les plus suffisans, propres et con- » venables pour le régime et gouvernement,

(1) Voyez Lapopelinière, liv. 8. = Mémoire adressé aux États. = De Thou, hist. de France, liv. 32. = Géographie historiq., ecclésiast. et civile, par Dom Vaissette.

» profit et utilité de la chose publique. » On procédait ainsi à l'élection de six consuls, un de chaque mandement. On formait ensuite le conseil ordinaire de la ville, composé de trente commissaires, cinq de chaque mandement, auxquels on ajoutait six auditeurs des comptes. Les consuls, conseillers et auditeurs des comptes se rendaient en cérémonie à l'église de St.-Martin pour prêter, entre les mains du viguier, le serment de remplir fidèlement leurs charges, qu'ils ne pouvaient refuser sans excuse légitime.

La police était dévolue exclusivement aux consuls; ils fesaient les réglemens sur les poids et mesures; ils distribuaient aux pauvres le pain confisqué aux boulangers; ils accordaient le droit de bourgeoisie à ceux qui depuis plus d'un an résidaient dans la ville ou qui y avaient fait l'acquisition d'une maison; ils fesaient choix du clavaire ou receveur des revenus; ils convoquaient le conseil; nommaient avec son concours les sergens, les bandiers, les bailes de l'hôpital, les bassiniers et le notaire chargé de rédiger les actes du consulat. Ce n'était que pour vérifier le compte du clavaire sortant qu'on appelait les auditeurs des comptes. Dans certains cas, tous les habitans étaient convoqués en assemblée générale; il fallait au moins soixante membres présens pour régulariser la délibération. Cette assemblée devenait nécessaire pour imposer une taille extraordinaire, qui était ensuite répartie entre tous les contribuables (1).

Les consuls jouissaient de divers honneurs et prérogatives; ils portaient pour leur costume la simarre noire, la robe et le chaperon rouge; ils assistaient aux états de la sénéchaussée (2); et lorsqu'on convoqua les états généraux de la province, la ville y fut représentée par le premier consul.

Ses armes étaient *d'azur, à un St.-Martin coupant avec son badelaire son manteau pour en couvrir un pauvre boiteux, un chien précédant le cheval, le tout d'argent, posé sur une terrasse cousue de sinople, ayant pour ornement extérieur de l'écu deux palmes de même attachées d'un lion du champ* (3).

Un viguier rendait la justice au nom du Roi;

(1) Registre des priviléges. = Arrêt du Parlement du 19 février 1445.

(2) Hist. gén. de Languedoc, t. III, preuv., pag. 515.

(3) Armorial de la province.

un bailli, au nom du sieur de Messalan. Mais les consuls avaient une juridiction spéciale: ils connaissaient des servitudes rustiques et urbaines, telles que les cours d'eau, les stillicides, les chemins, etc. Toutefois leur décision pouvait être soumise par appel à la cour du Roi. L'administration de la justice criminelle se rapproche assez de nos institutions actuelles : tout prévenu incarcéré obtenait provisoirement la liberté en donnant caution; dans le cas contraire, la cour devait informer dans les trois jours de son arrestation. Deux consuls au moins assistaient à l'information; cela fait, ils nommaient des prud'hommes, qui, avec eux, s'élevaient au nombre de vingt-cinq. Au jour fixé par la cour, l'accusé comparaissait devant les prud'hommes; l'instruction était lue; la défense entendue; après quoi le viguier, ayant fait ramener l'accusé aux prisons, interrogeait chacun des prud'hommes et couchait leurs réponses par écrit. La sentence se formait à la pluralité des avis, et, en présence des prud'hommes, le viguier la prononçait à l'accusé (1), qui avait le droit d'en appeler à la

(1) J'ai trouvé aux archives de l'hôtel de ville un re-

cour du sénéchal. Les peines étaient la mort, l'amputation du poing ou des oreilles, la fustigation, la marque au visage, le bannissement

---

gistre contenant les sentences criminelles, rendues depuis l'année 1400 jusqu'en l'année 1530. J'en ai extrait celle-ci, qui fera mieux connaître la nature de cette institution :

» Vist lé procés é procéduro, per devant nous faits, » entré lé Procurairé dal Rey substituat en la séda réala » de Limos, joint ambé Jean Fornié jouvé, de Pieussa, » per soun intérêt et daumagé, agens et accusans d'una » part; et tu Michel Barqueduna....... accusat et deffen- » dent d'autra part. Les cossols, qué soun assi dé présent, » una am les prod'homés assi assistens; tot d'aqui al nom- » bré de vingt et cinq, en séguen la ténor dé lors pri- » viléges, et en seguen la plus granda et sana opinion des » dits prod'homés, té condamna à tu Barqueduna à donar » et pagar la soma de dos cents livras tornésas al dit Jean » Fornié, et nouvément te condamna que per lo exécutor » de alta justisia seras trait de la jaula, am la corda al » col, et ménat per la villa dé Limos, et fait lo tour de » la dita villa accoustumat, et ménat al pilori de la plassa » de la dita villa de Limos, et aqui perdras lé pungh » dreit, et après perdras la testa de toun corps, sur le » dit pilori, et lé dit pung sera més en un pal devant lé » moli d'amount de Moussiou de Narbonne, appélat lé » moli *Mastellent*, de là ount as piquat lo dit Fornié, » et la testa sera mésa en un pal al cami, que tira vers » Carcassonna et vers Flassa, en dreit del dit moli, et

à temps ou à perpétuité, l'emprisonnement, etc. Les consuls et prud'hommes avaient le droit de faire grâce; mais ce cas arrivant, si le coupable était flêtri d'une peine infamante, ses biens demeuraient confisqués au Roi (1).

Toutes ces institutions pouvaient dégénérer en abus; aussi, par intervalles, des commissaires du Roi, nantis de pleins pouvoirs, étaient chargés de les réformer, en infligeant des peines sévères.

Quand la ville eut acquis l'importance que

» toun corps sera portat pendut et penjat à las forquas » de Tan de la dita villa de Limos, et en tal es lor sen- » tencia définitiva, afi qué sia exemplé as autrés......... » Assalit, cossol; Guillem fauré, cossol; Jean Tolza, cos- » sol. Constat de prolatione dictæ sentenciæ. R. Amiel, » notar. »

« L'an millo cinq cent quinze et lo dimécrés intitulat » lo vingt et huitièmé del més de mars, la dicta scripta » sentencia es estada proférida per Moussiou viguier » de Limos dins las cartas réals del dit Limos, présent » lo Procurairé del Rey en lo destro noumat Barquéduna, » loqual Barquéduna, ausi de la ténor de aquella, s'és » portat per appelan. Marti Assemar, Georgi........, Jean » Philipp, Ontdedieu, Amiel Lauras, Thomas de Béné- » vent, del dit Limos, et de mi R. Amiel, notar. »

(1) Registre des priviléges, pag. 17.

lui assuraient son industrie et ses priviléges, on songea à l'orner d'établissemens en harmonie avec sa nouvelle situation. Nous avons vu qu'au commencement du treizième siècle les bénédictins de St.-Hilaire furent dépouillés de l'église de St.-Martin; elle était desservie depuis par les frères-prêcheurs dépendans du monastère de Prouille, tandis que l'archevêque de Narbonne n'était représenté que par un official ou juge ecclésiastique. En 1317, le pape Jean XXII démembra de l'archevêché de Narbonne l'église de Toulouse qui fut convertie en archevêché; et, pour dédommager l'archevêque de Narbonne, il érigea Limoux en évêché. Cette création, qui fesait honneur à la ville, lui promettait de grands avantages. L'abbé Durand fut nommé évêque, et l'on chargea l'abbé Campredon de fixer les limites du diocèse et d'en assigner les revenus, ce qu'il exécuta dans le courant de l'année 1318. Mais les Dames de Prouille tenaient trop à l'église de St.-Martin, destinée à servir de cathédrale; elles étaient même alors en grande contestation avec la ville, à raison du moulin de la Boucarie (1); et il est à croire qu'elles adres-

(1) Voy. plus bas.

sèrent des doléances à Gilles Acelin, archevêque de Narbonne. Quoiqu'il en soit, sur les représentations de ce prélat, le Pape révoqua la bulle d'érection et substitua à l'évêché de Limoux deux évêchés, qu'il établit l'un à l'abbaye de St.-Pons-de-Tomières, et l'autre à Alet (1). Ce dernier bourg, situé au midi et à une lieue environ de Limoux, n'était remarquable que par son abbaye fondée au commencement du neuvième siècle. Il a eu jusqu'à la révolution une suite non interrompue d'évêques, au nombre desquels figure Nicolas de Pavillon, qui occupait le siége sous le règne de Louis XIV, et qui a laissé une grande réputation de vertu (2).

Vers le même temps, les consuls présentèrent une requête au Roi, tendante à obtenir l'agrandissement de la viguerie, bornée jusque-là au territoire de la ville. Tandis que le sénéchal de Carcassonne, chargé de rechercher si elle pouvait être accueillie sans inconvénient, se livrait à cette investigation, Radulphe, évêque de Laon, et Jean, comte de Forez, députés

(1) Hist. gén. de Languedoc.

(2) Voy. à la fin du vol. le catalogue des évêques d'Alet.

pour la tenue des états et la réformation des abus, suspendirent ce travail et se l'attribuèrent. En renouvellant leur demande, les consuls offrirent une somme de trois mille livres pour l'obtention de cette prérogative et la réparation des abus. Après une enquête faite par M.e Rostan Payer, juge-mage de Carcassonne, les commissaires reconnurent que Limoux offrait tous les avantages désirables. En conséquence, ils étendirent sa viguerie au pays de Sault, au haut et au bas Rasez, en exceptant toutefois les lieux de Tonnenques, Serre, Brésillac, Caillavel, Caillau, Sancte, Ferran, Fénouillet, Mazet, Miremont, Fontazels, Courtette, Mazeroles, Montgradail, Honous, Lauran, Escuillens, Gramasie, Belveze et Cambieure, qui ne devaient cesser de ressortir à la châtellenie de Montréal. Ils disposèrent que la cour de justice serait composée d'un viguier et d'un lieutenant ou juge, lesquels se transporteraient annuellement dans les lieux dépendans de leur juridiction pour y rendre la justice. Ils ordonnèrent enfin que le sénéchal ou son juge-mage tiendrait dans la ville au moins trois assises par an pour statuer sur les appels des affaires civiles et criminelles. Cette concession, qui est à la date du 1.er avril 1319, reçut peu de temps après l'approbation du Roi; et, telle fut l'origine de la viguerie, tribunal de première instance, du ressort de la sénéchaussée de Carcassonne, qui ne fut supprimée que lors de l'érection de la sénéchaussée et du siége présidial de Limoux, vers le milieu du dix-septième siècle (1).

Quelle que fût l'étendue des pouvoirs conférés aux consuls, la sagesse des réglemens assurait des choix honorables. Cependant, en l'année 1317, ils s'éleva de graves désordres : Pierre Amat, étant du nombre des consuls, il advint que Guillot Amat, son fils, prévenu de vol, et détenu dans les prisons du Roi, était menacé de subir la peine capitale. Les offices de judicature se trouvaient vacans, et l'administration de la justice était momentanément confiée à Guilhaume Brugairolles, greffier et garde du grand sceau de la cour. Pierre Amat voulut profiter de cette occurence pour sauver son fils ; il lui ouvrit les portes des prisons et le fit évader en le déguisant en moine trinitaire. Il paraît que Brugairolles informa à raison de

(1) Archives.

ce fait; aussi, pour conjurer l'accusation, Amat parvint à se faire réélire pour l'année suivante, avec Guilhaume de Cambieure, Pierre Vitalis, André de St.-André, Gérald Fornier et Pierre-Bernard Pélissier. Après avoir réuni et armé soixante-dix individus, les consuls se portèrent chez M.e Brugairolles, le saisirent, le jetèrent dans les prisons, et lui mirent des ceps aux pieds et aux mains; de là, s'étant dirigés au palais de justice, ils firent briser les portes et saisirent dans les archives les pièces de la procédure criminelle contre Pierre Amat. Deux jours après, ils levèrent une taille de sept cents livres, afin de se procurer les moyens de confondre la victime, et répandirent contre elle des calomnies, qu'ils cherchèrent à accréditer avec des témoins auxquels ils disaient: *vous attesterez les faits, parce que vous les connaissez, ou vous serez punis* (1). Ils s'emparèrent ensuite des prisons, du greffe et du grand sceau de la cour, et les confièrent, moyennant finances, à des individus qu'ils

(1) » Aut deponetis contenta in istis capitulis, quià vos » scitis, aut faciemus vos capi. «

Archiv., acte de 1319.

soumirent à leur autorité. Enfin, de leur ordre, les bandiers, s'étant répandus dans la campagne, coupèrent et préparèrent deux cents bois de lance qu'ils garnirent de fers longs et aigus, et les consuls les distribuèrent à leurs partisans, sans doute pour appuyer leur violence et opposer au besoin une résistence énergique. Mais le temps, comme il arrive, appaisa les esprits : Brugairolles fut rendu à la liberté, et on oublia la sédition, qui demeura impunie jusqu'à l'arrivée des commissaires. Après information, l'évêque de Laon et le comte de Forez, en accordant à la ville l'agrandissement de la viguerie, la relevèrent de toute condamnation, moyennant la somme de trois mille livres tournois, qui leur avait été offerte par composition (1).

La ville jouissait annuellement de cinq cents livres pour les besoins de son administration ; et, indépendamment de ces revenus, elle s'imposait assez communément des sommes considérables. C'est ainsi que dans l'espace de quatorze ans, de 1305 à 1319, ces tailles s'élevèrent à

(1) Archives, acte de 1319.

environ soixante mille livres tournois (1). Une partie fut destinée à acquitter des amendes ou des subsides; l'autre servit à la construction du pont neuf, un de nos édifices les plus remarquables, qui fut achevé en l'année 1327. Les consuls avaient promis d'y élever un monument en l'honneur du Roi régnant; j'ignore pourquoi ce projet demeura inexécuté; du reste le Roi n'y perdit rien, la ville paya une amende de deux mille deux cents livres (2).

Mais des ouvrages entrepris sur un cours

---

(1) « Item quòd consules Limosi, qui fuerunt annis sin-» gulis, à quatuor decem annis, fecerunt quolibet anno » taillas immoderatas, dépauperando populum de Limoso, » usque ad quantitatem sexaginta millium librarum tur-» ronensium; licèt habeat quingentas libras annui reddi-» tûs consulatus. »

Archiv., acte de 1319.

60,000 liv. t. équivalent à 700,000 fr. de notre monnaie.

(2) « Noverint universi quòd nos Johannes..... accepi-» mus à consulibus de Limoso duo millia ducentas libras, » in quibus dicti consules tenebantur ratione cujusdam » compositionis factæ cum dominis...... reformatoribus, » auctoritate regiâ deputatis, super eo quòd dicti consu-» les non ædificaverant super pontem Limosi certa ope-» ratoria, quòd ibidem in constitutione dicti pontis pro » domino nostro Rege promiserant. »

Archiv., acte de 1329.

d'eau, pour établir des communications utiles ou pour seconder l'industrie, peuvent aussi être nuisibles : si les eaux découlent de hautes et vastes montagnes, elles s'enflent tout-à-coup prodigieusement par les pluies et la fonte des neiges, et, ne pouvant surmonter les obstacles qu'elles trouvent dans leur lit, elles débordent et deviennent dévastatrices. De tous les temps la rivière d'Aude a présenté ces phénomènes et causé de grandes calamités. L'histoire de la ville de Carcassonne atteste que maintes fois elle s'est ressentie de sa fureur (1) ; et le lecteur a appris qu'à une époque très-reculée les habitans qui descendirent de Flacian, pour s'établir sur ses bords, périrent en grande partie par l'effet d'une inondation (2). A quels désastres ne devait-on pas s'attendre au commencement du quatorzième siècle, lorsque, dans la ville, on voyait à côté du pont vieux s'élever le pont neuf, dont les piles occupent quinze toises ; lorsque d'un pont à l'autre on empiétait sur la rive gauche par la construction d'une ligne de maisons, et lorsque dans

(1) Hist. de Carcassonne par Bouges, pag. 372.

(2) Voy. pag. 11, note 1.

son voisinage s'élevaient à des hauteurs démesurées de nombreux barrages pour alimenter des usines considérables. Ce qu'on dut prévoir se réalisa bientôt : les débordemens de l'Aude devinrent très-fréquens et causèrent des désastres et des troubles graves ; ils furent attribués principalement à l'existence du moulin naguère agrandi par les religieuses de Prouille ; et comme de nos jours on a été témoin de semblables évènemens, qu'on a attribués à la même cause, il est non moins utile qu'intéressant d'en connaître les détails.

Le moulin de la *Boucarie*, qui doit ce nom au détroit qu'il forme avec la colline voisine, a une existence immémoriale ; il fit partie de l'assignation en faveur de Pierre de Voisins ; il échut en lot à Guilhaume de Voisins, son fils, et devint la propriété de Jeanne, fille de celui-ci et épouse de Pierre de Messalan, qui le vendit au monastère de Prouille vers la fin du treizième siècle (1). Alors son barrage destiné à ne mettre en jeu que deux meules, avait une faible élévation ; et, de plus, en amont du barrage et à environ dix mètres en aval de la

(1) Archiv., acte de 1332.

ville se trouvait le moulin de la Fargue, dont le barrage mettait obstacle à l'influence de celui de la Boucarie. Mais à peine les Dames de Prouille eurent-elle fait cette acquisition, qu'en agrandissant leur usine elles surhaussèrent le barrage. Une inondation subite apprit bientôt que ces entreprises étaient préjudiciables: deux cents maisons s'écroulèrent, plusieurs personnes périrent, et on évalua les pertes mobilières à plus de quarante mille livres. Dès-lors les consuls soulevèrent une contestation qui fut soumise d'un commun accord à la décision de Guilhaume Jean, frère du monastère de Prouille, Pierre de Aniord, marchand de Limoux et M.e Guilhaume de Cubière, ce même jurisconsulte qui avait fixé les priviléges de la ville. Leur sentence porta que le barrage serait déprimé de deux pans dans toute sa longueur. Approuvée par toutes parties, elle ne fut pas néanmoins pleinement exécutée. Même quelque temps après le barrage fut surhaussé de nouveau, et à diverses reprises, d'environ quatre pans et demi; et c'est ainsi que les Dames de Prouille parvinrent à mettre dix meules en jeu. Ces changemens devinrent trop sensibles: les eaux refluèrent jusqu'au moulin de la Fargue et en arrêtèrent le mouvement; elles débordèrent sur le chemin de Carcassonne, qui longeait la rive gauche; de sorte qu'à la moindre crue des eaux, elles pénétraient dans la ville (1). Mais ces effets menaçans n'ébranlèrent pas les Dames de Prouille, qui furent même insensibles aux protestations énergiques des consuls.

Tel était l'état des choses et des esprits, lorsque le premier jour du carême de l'année 1326, à la suite d'un violent orage, les eaux surprirent, à la pointe du jour, les habitans plongés encore dans le sommeil. Au bruit des flots, au fracas des éboulemens se mêlent de toutes parts des gémissemens et des cris; les uns, se fiant à

(1) « Item quòd, propter ædificationem et elevationem » dictarum paxeriæ et jonalis factas per gentes dicti monasterii, tanta et alia regurgitatio seu restagnatio aquæ » dicti fluminis facta fuit et est inter dicta duo molendina, » ità quòd dicta via et larga infra dictam aquam tecta et » profunda est per tres palmos cannæ vel circa, quòd » nullus habetur nunc accessus per eam.

» Item quòd intraverunt pluriès per villam prædictam, » per domos et ortos. »

Mémoire de la ville, de l'ann. 1328. Archives.

leurs forces, gagnent les bords à la nage; les autres s'y dirigent avec leurs montures; il en est qui succombent entraînés par le courant; d'autres qui exposent de nouveau leur vie pour sauver les vieillards, les femmes et les enfans. On rapporte que des femmes éprouvèrent les douleurs précoces de l'enfantement. Déjà quarante maisons étaient écroulées (1); la plus grande

---

(1) « Item quòd propter impedimentum et alargamentum dictarum aquarum, quæ fuerunt et venerunt per » casum fortuitum, circa annonciationem diei, primâ die » quadragesimæ anni M CCC XX VI, fuerunt diruta et » fracta XL hospitia villæ Limosi vel circa, et plura bona » mobilia perdita et consumpta diversarum gentium dictæ » villæ. »

Le premier jour du carême de l'année 1326 répond au 25 février 1327, parce qu'alors l'année ne commençait qu'à Pâques, et qu'en 1327 Pâques fut le 12 avril.

« Item quòd gentes tunc jacentes in lectis suis fugiebant indè stupefactæ, portando liberos suos, vel efantes pueros super dorsum et brachia sua.

» Item quòd divites homines dictæ villæ, equos seu » alia animalia habentes, innabant et juvarent cum dictis » equis seu animalibus exire homines, mulieres et infantes de domibus suis in quibus intraverant aquæ, cùm » non possent aliter per se de dictis domibus exire vel » evadere.

consternation régnait dans la ville, lorsque le barrage ayant été rompu par l'impétuosité des eaux, elles baissèrent sensiblement et rentrèrent dans leur lit (1). On ne douta plus de la cause de tant de malheurs. Les habitans étaient exaspérés ; ils furent convoqués en assemblée générale par les consuls, et, de leur ordre, six cents individus, munis de hâches et d'autres instrumens, se transportèrent à la Boucarie et détruisirent le barrage à n'en plus laisser de traces (2). Cependant, les esprits s'étant calmés,

---

» Item quòd propter metum dictarum aquarum, plu-
» res mulieres prægnantes peperierunt partus abortivos. »

Mémoire de la ville.

(1) « Quòd longè plus majores quantitates bonorum et
» rerum ac personnæ fuissent ratione dictarum aquarum
» deperditæ, negatæ, seu submersæ, ac consumptæ, nisi
» fuisset tunc diminutio, interveniente auxilio fractâ
» paxeriâ supradictâ propter impetum et fortitudinem
» aquarum.

» Item quòd tunc fractâ paxeriâ, evidenter aqua quæ
» erat super dictam paxeriam et dicti fluminis habuit li-
» beriorem decursum, ità per incontinenti evidenter et
» notoriè aqua incipit deprimi et diminui seu debassari. »

Mémoire de la ville.

(2) « Item quòd ad vocem preconis sexenti homines,
» armati diversis armorum generibus, ad domum com-

les religieuses reconstruisirent le barrage tel qu'il avait existé antérieurement à la sentence des arbitres, et saisirent la justice d'une plainte contre les consuls et les habitans, à raison de leur voie de fait. Elles disaient, pour leur défense, que leur usine ne pouvait porter le moindre préjudice à la ville, puisque entr'elle et la ville se trouvait le moulin de la Fargue; que la crue d'eau s'était fait sentir avec la même intensité à deux lieues en amont comme à neuf lieues en aval; que l'invasion des eaux devait être attribuée au rétrécissement du lit de la rivière occasionné principalement par la construction récente du pont neuf, et qu'enfin

» munem dicti loci venerunt, et exindè de præcepto
» dictorum consulum et syndicorum, et ipsis huc perma-
» nentibus et sicut facientibus, turbâ cohossinatâ more
» hostili, à dictâ villâ exeuntes, ad dictum molendinum
» accedentes, magnam sicut apparet dictæ paxeriæ ex
» integro reparatæ et ad statum pristinum et debitum
» reductæ..... funditùs destruxerunt et extirpaverunt et
» evulserunt, salvam gardiam prædicta que infringendo,
» et contra appelationes et inhibitiones et compromissum
» et prononciationem prædictas temerè veniendo, rem-
» publicam coercendo. »

Mémoire des Religieuses.

les consuls n'avaient cédé qu'à l'intérêt des propriétaires d'usines rivales et à la haine portée contre les frères-prêcheurs, administrateurs du moulin. Des commissaires furent chargés par le Roi de vider cette contestation, qui se prolongea plus de deux ans ; elle fut terminée par une transaction fort importante du mois de novembre 1329 (1), en exécution

(1) « ....
» post hoc, anno quo suprà (1329), die jovis, post fes» tum beati Martini hyemalis, quod fuit XV mensis no» vembris, existentes et constituti, in grandæ atacis inon» datione et de prope paxeriam molendini prædicti de » Bocaria, coram nobis Johanne de Chalanton, commis» sario prædicto, videlicet magister Julianus de Fayno, » magister operum regiarum et aquarum senescalliæ Tolosæ » et Albiensis domini Regis, et Guillelmus Garaud, car» pentarius Tolosæ et locum tenens dicti magistri Juliani, et » Ramundus de Gonesia de Carcassonnâ, et Petrus Salvela » de Limoso, carpentarii, de consensu et ad novicionem » dictarum partium convocati, qui simul in manibus » nostris, ad sancta quatuor evangelia manibus eorum » tacta, juraverant die jovis proximè præteritâ se benè, » fideliter et integrè depressuros et sine fraude paxeriam » et pilas condictas per duos palmos, secundum ordina» tionem concorditam superiùs indefectam, quæ ordinatio » eis lecta et expedita extitit per notarium infra scriptum,

de laquelle le barrage fut déprimé de deux pans, et la ville paya aux Dames de Prouille la somme de douze cents agneaux d'or. On

---

» proût superiùs est expressum, retulerunt suo juramento « et dixerunt partibus prædictis priori et fratri Aycredo, » syndico dicti monasterii Proliani, et Guillelmo Ascii, » et Bertrando Goti, et Guillelmo Roffiaci, consulibus de » Limoso, se dictam paxeriam et pilas depressisse et mi- » nuisse per duos palmos, ad livellum; et ad etiam rei » memoriam, fecisse seu fieri fecisse, per massonnos seu » picarios, in muro seu petre lapideo dicti molendini, » deversùs matrem aquæ sive Atacis, quendam sculptam » canalam sive regam, cum piquo à tracers, quæ distat » et incipit inter hostium cadaleylæ usque ad latibetum » dicti molendini, rectâ lineâ et ad livellum; in quolibet » capite dictæ canalæ sive regnæ aut cisuræ posuerunt, » sive poni fecerunt, aut fixerunt unum ferrum in dictum » murum, cum plumbo super dictam canalam dicto ferro » tamen contiguo cum dictâ canalâ sive regâ; et subter dic- « tum ferrum factum inter hostium cadaleytæ, mensurando » inferiùs, debet esse et habere, ad rectum plumbum, » una canna sive auna octo palmorum duntaxat; in cujus » capite inferiori dictæ cannæ, proût nunc est consignata » sive mensurata dicto muro, altitudo dictæ paxeriæ de- » bet fieri et construi et servi ad rectum livellum, et » altius non fieri, sed semper altitudo totius dictæ paxe- » riæ fiat ad rectum livellum, mensurando in capite infe- » riori dictæ cannæ, sive signo facto pro aunâ sive cannâ

construisit à l'attache une pile en maçonnerie qui indiquait la hauteur convenue du barrage, et de l'autre côté on pratiqua dans

---

» in dicto muro, quæ auna sive canna, ut prædictum est,
» incipit subtùs caput inferius dicti ferri, versùs pedem
» seu murum molendini antedicti. Item dixerunt quòd
» dicta paxeria, sic depressa, debet sequi de pilâ conti-
» guâ dictæ paxeriæ ad livellum versùs et usque cabesale
» sive caput dictæ paxeriæ, déversus blancayr, ad signum
» ubi duæ cavillæ ferreæ sunt fixæ, una videlicet fixa in
» petre seu muro orti, ante dictum cabesale, et alia in
» capite paxeriæ, deversùs cabesale supradictum. Item
» dixerunt et retulerunt quod in capite dictæ paxeriæ,
» deversùs cabesale, fiat et construatur unum pilarium la-
» pideum, in quoquidem pilario apponatur, in dictum pila-
» rium, unum ferrum, sequendo ad rectum livellum
» dictæ paxeriæ; et si contigit pro tempore, ratione
» inundationum aquarum, vel manu temporis, quòd
» dictum pilarium vel signum factum in eodem destrue-
» retur, vel dubium occurreretur, ratione prædictorum,
» quod semper recipiantur mensuræ de dictâ paxeriâ in
» signo sive mensurâ muri molendini antedicti, proùt
» superiùs est expressum. Item dixerunt, quòd pila quæ
» contigua est cum paxeriâ, ab unâ parte, et aliâ cum
» Carrassiâ, habeat et habebit unum palmum super paxe-
» riam duntaxat. Item quod pila contigua cum carrassiâ,
» à parte unâ, et cum jonali canalario ab aliâ, mensurando
» a fronte propinquiori dictæ pilæ, est et esse debet altior

la muraille du moulin, en face des eaux et à une canne au-dessus du barrage, une ciselure qu'on garnit de plomb et à laquelle on

---

» dictâ paxeriâ, per tres palmos duntaxat. Consequenter
» ad interrogationem nostram et ad requisitionem dicta-
» rum partium, præfati magistri carpentarii, medio ju-
» ramento retulerunt, quòd dicta paxeria, in statu in
» quo nunc est et ipsi eam diminuerunt, est et stare po-
» test sine damno et periculo villæ Limosi. Quod omne,
» de consensu dictarum partium, fuit concordatum et
» pactum ratihabitum, quod dictis consulibus liberè liceat,
» toties quoties voluerint, mensurare dictam paxeriam et
» alia supradicta et dicta signa recognoscere, vocato
» tamen dicto domino priore prolianio vel alio pro dicto
» monasterio, si adesse voluit. Necnon dictæ partes etiam
» convenerunt, per pactum validum et expressum, quòd
» dicti consules, pro se et universitate ultiùs non possint
» dictam paxeriam facere diminuari seu deprimi, sed
» semper in dicto statu remaneat; nec et dictus prior nec
» gentes dicti monasterii possint nec eis liceat, dictam
» paxeriam altiùs elevare, sed in eodem statu semper re-
» maneat, proùt superiùs ordinatum est et expressum. De
» quibus omnibus supra dictis prædictæ partes, nomi-
» nibus quibus super, requisiverunt me notarium supra-
» dictum, ut eis recipiemus et conficiemus et reddemus,
» unà cum dicto magistro petro, publicum seu publica ins-
» trumenta cum omni jure, solemnitate ac consilio sa-
» pientiæ. Acta fuerunt hæc in dicto loco, anno et die præ-

adapta deux repères en fer. Il fut convenu que les consuls pourraient, à leur volonté, requérir la vérification de ces signes indicatifs,

---

» dictis, domino Philippo rege regnante, in præsentiâ et
» testimonio religiosorum virorum fratrum helie de fer-
» rariis, prior provencialis supradicti, Bernardi Sabatii
» prior Tolosæ, Petri Assaliti prior Limosi, Bernardi
» Vasconis, ordinis fratrum predicatorum, domini Durandi
» Gebelini presbiteri, Johannis Vasconis, Pauli Olivè
» massoniorum, Joannis Maloti Limosi, Arnaudi Ermen-
» gani depressano, et plurium aliorum, et magistri Johannis
» Versanini de Limoso, publici regiâ auctoritate notarii,
» qui requisitus de prædictis hanc cartam et omnia supra-
» dicta, unà cum magistro Petro de Domario, notario re-
» gio supradicto, recepit; vice quorum et mandato, ego
» Guillelmus Amelii, notarius Limosi, eamdem scripsi; ego
» idem Johannes Versanini, notarius præscriptus, subs-
» cribo hoc signo; ego idem Petrus de Domario, notarius
» præscriptus, hæc omnia supradicta in duabus pellibus
» pargameni præcedentibus, simul consutis, contenta
» subscribo et signo. Et nos Johannes Chalanton, commissa-
» rius prædictus, in testimonium omnium et singulorum
» prædictorum, in duabus pellibus pargameni præcedenti-
» bus, simul consutis, et in jam dicto pargamenorum,
» sigillum senescalliæ Tolosæ duximus apponendum. Nos
» autem præmissa omnia et singula, proùt superiùs sunt
» expressa, volumus, laudamus, approbamus, et ad re-
» questam et de consensu procuratorum partium prædic-

et que jamais, sous aucun prétexte, on ne pourrait, de part ni d'autre, changer la hauteur du barrage. Telles furent les mesures sages qui prévinrent en partie, durant plusieurs siècles, la submersion de la ville; elles furent dues aux consuls Bernard de Nebians, Guilhaume Ascii, Bertrand Got et Guilhaume Roffiac. Le roi Philippe de Valois approuva la transaction et accorda aux habitans des lettres d'abolition, à raison de leurs actes de violence.

Si l'on dirige ses regards vers le passé, on jugera que la guerre des Albigois, si funeste aux contemporains, produisit dans la suite de salutaires effets. La ville, s'agrandissant tout-à-coup par la réunion du lieu de Flacian, ne cessa depuis d'être dans une voie florissante. En moins d'un siècle, on voit ses consuls restaurer l'église de St.-Martin, bâtir le pont

---

» tarum confirmamus, salvo in aliis jure nostro et quolibet
» ex altero. Quòd ut firmum et stabile permaneat in futu-
» rum, præsentibus his in duabus pellibus scriptis et simul
» consutis nostrum....... Apponi sigillum. Actum Parisiis,
» in parlamento nostro, anno domini millesimo trecen-
» tesimo vicesimo nono, mense martii. Pro villâ facta est
» collatio. P. Lamara. »

Archives.

neuf, agrandir la maison du consulat (1), acquérir les deux moulins du pont vieux (2), assurer de précieux priviléges, acquitter de fortes amendes, relever immédiatement de la couronne, obtenir l'agrandissement de la viguerie, ne perdre le siége d'un évêché que par le caprice et l'intérêt des Dames de Prouille, et se mettre en mesure d'élever des fortifications, qui exigèrent plus tard bien des sacrifices (3). Mais des évènemens inattendus devaient arrêter le cours de ses prospérités et la réduire à l'état le plus déplorable.

(1) Archiv., acte du 8 novembre 1337.

(2) Voy. plus bas.

(3) Lettres patentes dn 5 février 1356.

CHAPITRE V.

Suite des évènemens jusque vers le milieu du XVI.e siècle.

Une maladie épidémique, la peste noire, envahit l'Europe vers le milieu du quatorzième siècle et y répandit la terreur. L'Italie fut une des premières, comme une des principales victimes. De là elle passa les Alpes, pénétra en l'année 1348 dans le Languedoc et y enleva la moitié de la population. Un document nous apprend que Limoux en fut grandement affligé; car, à cause de sa mortalité, le reste des habitans obtint la concession d'un précieux privilége (1). Sur la demande des consuls, au mois d'octobre 1349, Guilhaume de Flavacourt, archevêque d'Auch et lieutenant du Roi en Languedoc, prohiba, sous peine

---

(1) » Guillelmus, permissione divinâ, archiepiscopus » auxitanensis, locum tenens domini nostri francorum » Regis, in totâ linguâ occitanâ, notum facimus universis » tàm præsentibus quàm futuris, quòd nos, ad supplicatio- » nem dilectorum et fidelium dicti domini Regis consulum » villæ et universitatis Limosi, *consideratione mortali-* » *tatis, quæ fuit de proximo in dictâ villâ, undè est* » *quamplurimùm denudata, ad cujus populationem* » *animus noster afficitur*, et gratuitorum servitiorum » per ipsos hactenùs dicto domino Regi fideliter et lauda- » biliter impensorum, mittendo servientes ad guerras » ipsius domini Regis, et ipsos immittendo, mutua subsidia » et alias subventiones liberaliter et gratiosè præstando, » et quod de novo obtulerunt et præstiterunt, absque dif- » fugio, pro guerrâ præsenti Vasconiæ; factâque de nostro » informatione de commodo et in commodo Regis et alieno » præjudicio, ipsâque visâ et nobis reportatâ; et etiam » mediante certâ quantitate pecuniæ, quàm indè pro fi- » nanciâ ab ipsis consulibus et universitate, nomine regio » habuimus; ex potestate regiâ nobis in hac parte attri- » butâ, cujus tenor talis est : (suivent les lettres de provi- » sion) de certâ scientiâ et gratiâ speciali, eisdem consuli- » bus et universitati concessisse privilegium et libertatem, » ne aliquis extraneus, infra villam et terminalia dicti

d'amende, l'entrée des vins étrangers dans la ville, vu que ceux provenant de son territoire excédaient les besoins de ses habitans, avec

---

» loci, vina neque vendemiam, nec habitator dictæ villæ, » nisi de suis propriis vineis, vinum emptum ab extraneis villæ vendere, portare, seu reponere de certo quoquo modo præsumant, nisi de ipsorum consulum et sui » consilii, qui nunc sunt et qui pro tempore fuerint, licenciâ et consensu, sub certis pœnis dicto domino Regi et » dictis consulibus applicandis, proùt in confiscatione pœnarum, justa formam eorum privilegii, in talibus fieri » consuevit; dantes tenore præsentium in mandatis senescallo Carcassonnæ, vicario et judici Limosi, qui nunc » sunt et qui pro tempore fuerint, et eorum loca tenentibus at cuillibet eorumdem, si opus fuerit, comittendo, » quatenùs eosdem consules et universitatem prædictos, » qui nunc sunt et fuerint pro tempore, dicto privilegio seu » libertate prædictâ per nos ut permittitur concessâ gaudere pacificè faciant et permittant absque impedimento » quocumque, ordinationibus aut statutis regiis in contrarium factis vel faciendis non obstantibus quibuscumque. » Quòd ut firmum et stabile perpetuò perseveret, nostrum » præsentibus litteris fecimus apponi sigillum. Actum et » datum Carcassonnæ, mense octobris, anno domini millesimo trecentesimo quadragesimo nono. Per dominum » locum tenentem, in commissione Bartholomei Thomæ, » P. de Casatone ».

Archiv.

faculté aux consuls de maintenir ou de suspendre cette prohibition à l'avenir; privilége qui fut confirmé par le Roi régnant et l'a été par ses successeurs.

Mais la guerre avait aussi à exercer ses fureurs : après la mort de Charles le Bel, Edouard III, roi d'Angleterre, petit-fils par sa mère de Philippe le Bel, revendiqua, contre la loi du royaume, la France comme son héritage, et disputa la couronne à Philippe de Valois. Telle fut la cause principale de cette guerre malheureuse qui dura plus d'un siècle. Dans le principe le midi de la France en fut le théâtre, et, comme toutes les villes de la province, celle de Limoux fournit, avec des hommes d'armes, de nombreux subsides. Ce fut notamment en 1347 que, pour concourir à la défense du territoire contre les Anglais et les Gascons réunis, elle épuisa ses ressources (1). L'année suivante l'épidémie suspendit les hostilités; à peine eut-elle cessé, qu'elles continuèrent. Dans cet état, afin de pourvoir à la sûreté, on traça un plan de fortifications qui laissait

(1) Voy. la note qui précède et la note qui suit.

en dehors les faubourgs du midi et du septentrion ; on en jetta les premiers fondemens ; et, comme pour l'exécution il fallut acquérir des terrains et démolir plusieurs édifices, les consuls s'adressèrent au Roi et en obtinrent le déchargement des tailles (1).

---

(1) « Philippus Dei gratiâ francorum rex, notum facimus » universis tam præsentibus quàm futuris, quòd, cùm villa « nostra Limosi sit situata in fronteriis et confinibus regni » nostri, dilecti et fideles nostri consules et habitatores » dictæ villæ nobis fecerunt humiliter supplicare, ut, cùm » eadem villa non sit munita vel fortificata aut circumdata » fortaliciis, muris, atque fossatis, iidemque supplicantes » dictam villam claudere et fortificare, ac muros, fossataque inibi construere et alia fortalicia facere et ædificare, pro urgenti necessitate vel evidenti commoditate, » tuitioneque, securitate et defensione dictæ villæ, pro » modernis ac futuris temporibus, pensatis etiam guerris » nostris præsentibus et quæ, contra nos aut subditos » nostros possunt per hostes et malivolos regni nostri forsitan commoveri, proposuerunt et adhuc proponunt firmiter et adoptant, ac justa eorum propositum, dictos » muros et fortalicia dictæ villæ contruere inchoaverunt. » Attamen mole subsidiorum, quæ occasione seu causâ dictarum guerrarum hactenùs exsolverunt, damnorumque immensorum, quæ ex indè passi sunt et de diem » in diem patiuntur, oppressi multipliciter et gravati

Cependant Philippe de Valois avait cessé de régner ; Jean, son fils, occupait le trône, et la guerre continuait. Tandis qu'Édouard, prince

---

» et quià prædicta villa adeò longa vel dispersa et ex-
» tensa extitit, quòd ipsa tanta nequiret, cum ejusdem
» suburbiis, fortaliciis circumdari et infra dicta fortalicia
» sive muros claudi et muniri, nec dicta clausura inter
» villam et suburbia commodè fieri absque destructione
» nonullorum ædificiorum, ortorum et locorum parum
» valoris, ac evulsione arborum inibi existentium, de et
» pro quibus ortis, ædificiis atque locis, certi redditus seu
» sensus annui nobis solvi consueverunt, qui summam
» decem librarum turonensium vel circiter non excedunt,
» memorati supplicantes dicta fortalicia, muros ac fossata
» construere et complere non possent, nisi eis de gratiâ
» subvenianus in hâc parte, et eisdem dicta ædificia
» singularia amovendi et destruendi murosque et forta-
» licia necessaria vel utilia pro defensione et tuitione
» dictæ villæ in dictis locis et ortis construendi licenciam
» impetrari, ac dictum nostrum redditum seu sensum
» pro fortaliciis ac utilitate dictæ villæ quittare peni-
» tùs et donare de speciali dignaremur. *Nos* igitur visâ
» et perpensâ dictâ eorum supplicatione, super his et
» aliis nobis porrectâ, attendentes sinceræ devotionis,
» constantis fidei, probatæque fidelitatis et affectionis
» ipsorum integritatem, quam ipsos ad nos et regnum
» nostrum evidenter habere percipimus, ac plura grata
» servitia, quæ iidem consules homines et habitatores

de Galles, menace d'une invasion le midi de la France, on se prépare à la défense, et de nouveaux subsides épuisent les peuples;

» dictæ villæ in fidelitate et obedientiâ continuè per-
» sistenti, anteactis temporibus, nobis promptè et libe-
» raliter impendisse, nonnullasque immensasque summas
» pecuniæ, quas pro subsidiis ac guerris et ne-
» gotiis nostris et gentium nostrarum in illis partibus, ut
» præmittitur, solvisse noscuntur, per quæ, dictæ eorum
» fidelitatis et affectionis sinceritas per facti evidentiam
» comprobatur, prædictumque eorum propositum tamque
» laudabile commendatur eisdem consulibus et
» habitatoribus, quos ex causis prædictis intendimus favo-
» ribus prosequi gratiosis, dictos muros fossata et omnia
» alia quæqumque fortalicia construendi et complendi in
» ortis seu jardinis et ædificiis prædictis, quæ privata-
» rum et singularum personnarum fore dicuntur, amotis
» abindè prorsùs pro dictâ constructione ædificiis et jar-
» dinis, ac evulsis arboribus antedictis, proùt necesse aut
» evidenter utile fuerit, licentiam impertimur; proviso
» tamen quod memorati consules et habitatores omnium
» locorum, in quibus dicti muri, fossata et alia fortalicia
« constructi fuerint atque facti, et quæ per indè occupa-
» buntur et detinebuntur, ac ædificiorum, quæ ob cau-
» sam prædictam prostrata vel tollata fuerint et destructa,
» restitutionem pecuniariam aut aliam recompensationem
» debitam, justa estimationem seu taxationem proborum
» virorum in talibus expertorum, illis, quorum interit

mais vains efforts, le prince de Galles pénètre dans le Languedoc et y porte la désolation. Avec la plupart des villes de la sénéchaussée,

---

» et proût eorum quemlibet tangere potüerit, facere et » reddere teneantur; præfatisque consulibus et habitatori- » bus et dictæ villæ, in eorum ac murorum fossatorum et » fortaliciorum hujus modi favorem, ac pro considera- » tione præmissorum, dictas decem libras liberaliter do- » navimus ac tenore præsentium donamus in perpetuum » penitùs et quittamus; volentes etiam ipsos consules, » habitatores et omnes eorum heredes et successores et » singulares homines dictæ villæ, unà, condictis locis et » ortis omnibus ex dicto redditu seu censu et ab omni solu- » tione ejusdem nobis et successoribus nostris prestandâ, » quittos et liberes perpetuò remanentes ipsos, et eorum » quemlibet exindè totaliter exoneramus tenore præsen- » tium, de nostrâ anctoritate regiâ et plenitudine po- » testatis, ac graciâ speciali; dantes tenore præsentium in » mandatis omnibus justiciariis, receptoribus et officia- » riis nostris, qui nunc sunt et pro tempore fuerint, et » eorum loca tenentibus et cuilibet eorumdem, quòd præ- » dictos, consules et habitores vel eorum successores in » præmissis seu occasione præmissorum vel alicujus eorum- » dem, ne impediant vel molestant, seu faciant aut permit- » tant à quocumque impediri seu molestari; mandates » insuper et, si necesse fuit, committentes senescallo Car- » cassonnæ vel ejus locum tenenti, quòd, pro faciendis et » construendis muris fossatis et fortaliciis antedictis, faciat

celle de Limoux éprouva les effets de sa fureur. Au mois de novembre 1355 elle fut prise, livrée au pillage et aux flammes et presque entièrement détruite. (1). Cet évènement,

---

» ædificia et loca ad hoc necessaria vel utilia et priùs esti-
» mata, ut præfertur, posteriùs et penitùs amoveri, taliter
» quòd dicti muri fossata et fortalicia comodè fieri valeant
» et compleri. Quòd ut firmum et stabile perseveret in fu-
» turum, tunc præsentibus litteris fecimus sigillum apponi,
» nostro et alieno in aliis jure salvo. Datum Choisiaci,
» suprà Ausonam, anno domini millesimo trecentesimo
» quinquagesimo, mense aprilis. Per Regem, in requestis
» suis; Geri ».

Archives.

(1) » Et ut villa Limosi per inimicos domini nostri
» Regis destructa et per majorem partem concremata
» meliùs et faciliùs pro conservatione reipublicæ et subdi-
» torum construatur et ædificatur ».

Archiv., lett. du comte d'Armagnac du 5 fév. 1356.

» Consulibus Limosi, senescalliæ Carcassonnensis, pro
» reparatione ipsius villæ, in magnâ parte combustæ et
» trucidatæ, murorum et vallatorum, et aliis hominibus in
» ipso loco.

Archiv., lett. du comte d'Armagnac du 25 octob. 1356.

» Quód villa dicta, quæ per inimicos domini nostri et
» nostros, in parte, igne concremata et destructa, et quæ
» per inimicos homines........ extitit depredata »

Arch., lett. du duc de Normandie du 25 février 1357.

» Considerans et attendens quòd dicta villa de Limoso,

dont nous ne connaissons aucune particularité, est le plus désastreux de son histoire. Ainsi cette ville, naguère florissante, dont les richesses consistaient principalement en marchandises, après avoir été épuisée par les subsides et désolée par la plus horrible épidémie, fut mise à néant par le fer et le feu des ennemis.

Les habitans, qui, à leur approche, s'étaient enfuis dans les montagnes, demeurèrent dispersés durant l'hiver qui suivit la destruction de la ville; ce ne fut qu'au mois de février que les consuls obtinrent du comte d'Armagnac, lieutenant du Roi en Languedoc, les moyens de les encourager à relever les édifices et les fortifications. D'après ses lettres, approuvées et augmentées par Charles, fils aîné du Roi et son lieutenant, le 25 février 1357, les habitans de Limoux furent exemptés pendant un an des tailles et du service personnel; il leur fut

---

» quæ villa cum pluribus aliis villis, locis et castris ejus-
» dem senescalliæ, per principem gallenem et gentes ejus-
» dem, quandò per illam patriam hostiliter transierunt,
» multipliciter......... destructa, et etiam habitatores ejus-
» dem villæ in majori parte, bonis suis principuè mobi-
» libus spoliati fuerunt ».

Archiv., lettr. du duc de Normandie du 17 octob. 1359.

accordé de prendre dans les forêts royales le bois nécessaire pour les constructions des maisons, sans autre rétribution que celle de deux livres de monnaie forte (1). Afin d'activer les travaux, et vu d'ailleurs le manque de bras, les consuls eurent la faculté de requérir les maçons, charpentiers, ouvriers et habitans des lieux voisins, moyennant un salaire qui leur fut permis de modérer. Les débiteurs obtinrent un délai de grâce pour l'acquittement de leurs dettes, à la charge de donner caution. On permit aux marchands d'exporter, avec exemption de tout droit, durant six années, à l'étranger ou dans l'intérieur du royaume, mille charges de blé et cent charges de draps annuellement. La leude fut abolie; on créa une gabelle de quatre deniers par livre sur les

---

(1) « Item quòd omnibus et singularibus habitatoribus » dicti loci, pro reparatione et ædificatione dicti loci, » liceat extrahere qualibuscumque forestis et nemoribus » regiis trabes, fustas et alia pro ædificationibus cuilibet » necessaria...... et absque solutione nuncupatâ pedagii » seu vectigalis, excepto pedagio et alio jure quocumque » usque ad summam duntaxat duarum librarum fortis » monetæ nunc currentis. »

Arch., lettr. du comte d'Armagnac du 5 fév. 1356.

marchandises et comestibles, et ce droit a été conservé jusqu'en 1789, moyennant une albergue payée au Roi. Tout cavalier étranger, passant par la ville, fut tenu de payer un denier tournois; tout piéton, une obole. On établit un droit de cinq sous pour le passage de chaque radeau sur la rivière, et divers droits sur le bois voituré et sur les bestiaux vendus, ou qui passaient par la ville. Les consuls furent autorisés à rebâtir, sans payer le droit de reconstruction, les deux moulins, appartenant à la ville, situés aux deux têtes du pont vieux. Enfin il fut ordonné aux notaires et aux officiers de justice de rappeler, par tous les moyens possibles, le souvenir des actes qui avaient été la proie des flammes (1).

---

(1) « Item cùm libri seu registra curiarum, in quibus » obligationes singulorum detinebantur, sunt quasi om» nino destructa et concremata, quòd judices ordinarii » debeant, attentis præmissis, submotis diffugiis et ca» villationibus, partibus evocatis et de plano exhibentur » eisdem justiciæ complementa. »

Lettres du 5 février 1356.

« Et Quòd per dictos inimicos libri et protocolla tabel» lionum, ubi obligationes et litteræ diversarum conven» tionum erant vel esse debebant registratæ, fuerunt vel

Avec les ressources que produisirent ces réglemens, avec des tailles extraordinaires, on releva les fortifications, qui furent telles que, deux siècles plus tard, elles préservèrent la ville d'attaques inopinées et lui permirent de soutenir un siége mémorable. De ces ouvrages il reste quelques traces, qui s'effacent insensiblement; et peut-être qu'un jour sera-t-on curieux d'en connaître la disposition. Ils avaient une forme circulaire; de larges fossés, défendus par des palissades, aboutissaient en amont et en aval au lit de la rivière. Par là, en facilitant l'écoulement des eaux, à l'époque des inondations, ils mettaient la ville à l'abri des débordemens. Le mur d'enceinte, percé de meurtrières, était flanqué de tours espacées, lesquelles, surmontées la plupart d'encorbellemens, avaient les pierres taillées en bossage. On en comptait deux entre la rivière et la porte de la Toulsane, deux entre cette der-

---

» fuerant in toto ant in parte igne concrematæ, volumus
» et jubemus, per ordinarias voces evocatas, inter partes
» fieri et exhiberi bonum et breve justiciæ complementum. »

Archiv., lettres de 1357.

nière et celle de l'Agoutine, une vis-à-vis du cimetière, une autre vis-à-vis l'esplanade et cinq à la petite ville. On pénétrait dans la place par sept portes, savoir : de la Trinité, de la Toulsane, de l'Agoutine, du Pont Vieux, de St.-Jean, de Panefaves et de St.-Antoine. Chacune d'elles formait une tour carrée, couronnée de créneaux et ornée extérieurement et intérieurement d'armoiries et de consoles, et l'ouverture en était protégée par la herse, une large trappe et en avant par des ravelins, ainsi qu'on peut en voir des vestiges aux portes du Pont Vieux et de St.-Jean (1).

Les habitans se hâtèrent aussi de rebâtir leurs maisons, qui furent toutes renfermées dans l'enceinte des fortifications, de même que les couvens des Augustins et des Cordeliers

(1) « Quòd cùm dicta villa sit situata in fronteriis, ab » initio guerrarum nostrarum, de licentià Philippi nostri » prædecessoris, in mense aprilis anno millesimo trecen- » tesimo quinquagesimo, fuerit muris, fossatis, turribus, » portis, barbacanis et barreriis....... circumdata munita » et fortificata..... qui ratione dictorum murorum, fossa- » torum et retro fossatorum. »

Archiv., acte de 1392. — Voy. aussi l'arrentement des tours et fossés du mois de janv. 1543, reg. des privil.

situés précédemment dans les faubourgs; et l'activité fut telle qu'en 1371 la ville était considérée comme une des plus remarquables de la sénéchaussée de Carcassonne (1).

Si l'ordre et la paix eussent favorisé son industrie, elle aurait recouvré rapidement son ancienne prospérité; mais l'histoire de ces temps nous offre un bien triste spectacle. Le Roi, prisonnier à Londres, et les peuples du midi s'épuisant pour payer sa rançon et subvenir aux besoins de l'État; les guerres étrangères, et les discordes civiles; la disette, et la mortalité; les brigandages des troupes répandues dans les campagnes, et les exactions inouïes des gouverneurs de la province; toutes ces calamités devaient peser sur elle.

Selon l'usage établi dans la sénéchaussée, elle payait les subsides par taxe ou par abonnement et non par feux, ainsi qu'on le pratiquait dans les autres parties de la province. Les consuls se trouvaient les débiteurs solidaires des tailles perçues sur leurs administrés (2); or, tandis

(1) « Quià una est de insignibus et notabilibus senescalliæ antedictæ. »

Archiv., acte du 19 juin 1371.

(2) « Volumus et concedimus.... quòd consules prædicti

qu'ils furent dans l'impossibilité de les acquitter, il arriva que les agens du trésor dirigèrent des poursuites contre les particuliers; ils saisissaient et vendaient les marchandises, dont le prix servait à la décharge de la communauté. On sent combien ces actes étaient vexatoires et préjudiciables à l'industrie. Ce fut en vain que le Roi donna l'ordre au sénéchal de les faire cesser; les sergens Guilhaume Amelii, Raymond Amelii et Barthélemy Guasi continuèrent d'user de violence, au point qu'on se souleva et qu'on les chassa de la ville. Les consuls portèrent contr'eux et plusieurs autres une plainte devant le viguier, les accusant d'oppression et d'incapacité. Il fut fait une information; on produisit les réglemens approuvés dans le temps par Guilhaume de Voisins et confirmés par le roi Jean en 1350 : ils portaient que tout agent exacteur ou concussionnaire pourrait, à la demande des consuls, être privé de son

» seu procuratores aut alii administratores universitatum
» senescalliæ Carcassonnæ nullatenùs solidè teneantur,
» nisi solum et duntaxat pro dictis focis qui reperti fue-
» runt et reparati. »

Arch., lettr. du Gouverneur de la prov. du 6 déc. 1376.

office. Les sergens furent condamnés. Il est vrai qu'ils appelèrent de la sentence au sénéchal, et qu'ils se pourvurent par-devant le gouverneur de la province; mais quelques temps après ils abandonnèrent leur appel et résignèrent leur office (1).

En l'année 1371, pour satisfaire le trésor, on recourut à une ressource extrême : plusieurs particuliers, dignes d'éloges, offrirent de prêter aux consuls les vins qu'ils avaient récoltés, afin qu'en les vendant ceux-ci pussent acquitter les subsides. On s'adressa à cet effet au gouverneur de la province, qui, agréant le mode proposé, fit défenses à tous particuliers de vendre leurs vins, pendant trois mois, afin d'assurer le débit de ceux des consuls (2). Mais ces moyens furent inéficaces; il fallut que le Roi remît pour cette année une partie des subsides (3). On sentit alors la nécessité de changer le mode de perception : il fut fait un recensement qui constata l'existence de huit cent sept feux dans la ville, et le Roi ordonna qu'à

(1) Arch., actes du 25 octobre 1364 et de 1373.

(2) Arch., lettres du 17 février 1370 (1371).

(3) Archiv., lettres patentes du Roi, du 19 juin 1371.

l'avenir les consuls ne seraient tenus de payer les subsides, qu'eu égard à cette nouvelle base (1). On appelait feu une famille qui possédait au moins dix livres de revenu; leur nombre servait de base à la fixation des subsides, lesquels étaient ensuite répartis indistinctement entre tous les taillables, à proportion de leurs facultés. Afin d'augmenter le nombre des feux, il fut ordonné, en 1376, que les taillables, qui ne jouiraient point du revenu de dix livres, seraient réunis par deux ou plusieurs autres, jusqu'à concurrence de cette quotité. Je signale cette dernière disposition, parce qu'il me semble qu'elle n'avait pas été remarquée (2).

---

(1) « Repertum fuit quòd in dictâ villâ Limosi sunt de » præsenti et reperiuntur octingenti septem foci..... quòd » ipsi consules et universitas, pro dictis subsidiis, auxiliis, » et juvamentibus, quotiès et quandò levabuntur, solvant » de præsenti, pro dicto numero octingentorum septem » focorum sic reperto. »

Arch., lettres patentes du 9 juillet 1372.

(2) « Item volumus et concedimus quòd personnæ et » habitatores locorum dictarum trium senescallium, non » habentes in valore bonorum decem libras turonenses, » quòd duo vel tres seu plures habentes insimùl decem

Ces changemens n'améliorèrent pas le sort des contribuables ; car, en 1381, le juge-mage et le procureur général du Roi en la sénéchaussée, ayant été commis pour rechercher le nombre des feux réparés, arrivés à Limoux ; ils furent touchés de sa pauvreté. Cédant aux suggestions de plusieurs notables, qui les portèrent » *à apetisser le grand nombre de feux de ladite ville en moindre nombre,* » ils prirent sur eux de ne le fixer qu'à cinq cent quatre feux (1). Mais, en 1390, comme on procédait à un nouveau recensement, on découvrit la fraude, et les instigateurs furent poursuivis en justice. Les commissaires du Roi, devant lesquels ils comparurent, rapportent : » que comme en ladite ville y avait très- » grande pauvreté entre le grand et le petit, » par telle manière qu'ils ont assez à faire de » vivre, et que si nous voulussions procéder » contr'eux en la forme ci-dessus dite, il con- » viendra de nécessité, que les bons hommes » de ladite ville, marchands et autres, l'eussent

---

» libras turonenses in valore bonorum prò uno vero foco » haberentur. »

Lettres du 6 décembre 1376.

(1) Arch., lettres patentes du mois d'avril 1381.

» à désemparer et délaisser, dont icelle ville » pourrait venir en grand dépréciation, qui » serait mult grand dommage du Roi et de la » utilité publique dudit lieu, pour laquelle » chose les dessus nommés pour eux et pour » tous les autres, qui ont été consouls, con- » seillers, receveurs des tailles et ont eu le » régiment dudit lieu, comme dit est, nous » ont offert la somme de six cents francs dor, » pour rédemption de la vexation de leurs per- » sonnes et biens, qui pourrait être faite ». Ces motifs n'étaient que trop réels. Les commissaires annulèrent la procédure, tout en recevant néanmoins la somme offerte (1).

Tandis que la ville était ainsi pressurée, elle avait à se défendre contre les atteintes portées à ses priviléges. Ce fut à la vigilance de ses consuls qu'elle en dut le maintien. On a vu que le sénéchal de Carcassonne ou ses officiers étaient tenus de se transporter, par intervalles, dans la ville pour y vider les appels des affaires civiles et criminelles. Négligens à s'acquitter de cette partie de leurs charges, ils y avaient été contraints maintes fois par les ordres

(1) Arch., acte du 12 mars 1389.

des gouverneurs de la province; ils comptèrent s'en exonérer entièrement, lorsque Limoux tomba dans la détresse; mais, sur les plaintes des consuls, le Roi ordonna au sénéchal qu'on eût à s'y conformer rigoureusement (1).

Vers le même temps, il fallut soutenir une lutte d'une autre nature: les priviléges, concédés par le vicomte de Carcassonne et de Rasez, et confirmés par Simon de Montfort et Pierre de Voisins, étaient jouis depuis les temps les plus reculés. Il est vrai qu'à l'occasion des obstacles apportés par Guilhaume de Voisins, il était intervenu divers réglemens, entre ce seigneur et les consuls, vers la fin du treizième siècle; mais Pierre de Messalan, seigneur d'une partie de la ville, les avait toujours respectés. Or, vers l'année 1344, Jean de Messalan, son fils, avait prétendu que les quartiers qui relevaient de lui ne pouvaient jouir des priviléges qui avaient fait l'objet de ces réglemens, auxquels lui et son père se trouvaient étrangers; tandis que ces réglemens n'étaient que la confirmation d'anciennes concessions. Vou-

(1) Arch., lettres patentes de 1361.

lant s'exonérer de prétentions aussi injustes, les consuls avaient offert au Roi trente mille livres, dans le cas qu'il eût voulu racheter et mettre sous sa main cette partie de la ville, qui formait un fief particulier; et, pour rendre sans effet cette démarche, Jean de Messalan s'était hâté de ratifier les priviléges, moyennant la somme de trois mille livres, par une transaction du mois de juin 1344 (1). Cependant il avait soulevé depuis des difficultés dont le sujet aujourd'hui paraîtra futile : les consuls entendaient qu'en matière criminelle, lorsque le bailli de Messalan prononçait une sentence, il devait s'exprimer ainsi : *je te condamne à telle peine par le jugement de ces consuls et prud'hommes ci-présens;* tandis que Messalan soutenait que la sentence devait être prononcée de la sorte : *je te juge par le conseil de ces prud'hommes à telle peine.* En outre, ce qui était plus important, les consuls réclamaient l'exercice de la police dans la partie de la ville qui relevait de lui, de la même manière qu'ils l'exerçaient dans celle tenue du Roi. Pour la justification de leurs droits, ils n'avaient qu'à

(1) Transaction du mois de juin 1344.

produire la transaction de 1344 ; mais sans doute que cet acte était critiqué, puisque, depuis près de trente ans, un plaid était mû devant le sénéchal. On résolut d'en venir à composition : Jean de Messalan s'adressa au Roi pour en obtenir l'autorisation nécessaire ; il exposait dans sa supplique « qu'il était âgé » de quatre-vingts ans ou environ, et qu'il » ne pourrait bonnement soutenir les mises, » qu'il fallait à faire, pour soutenir son bon » droit ; et que ses enfans, chevaliers et autres » avaient loyalement servi le Roi et ses prédé- » cesseurs, et dont aucuns avaient été morts » aux dernières guerres, et les autres rançon- » nés d'excessives rançons ; et lui avait con- » venu vendre grande partie de sa terre pour » la rançon de ses dits enfans payer, pour- » quoi il a été et était grandement amoindri » de ses facultés et chevances ». L'autorisation fut accordée ; et, par un accord de l'année 1370, les droits réclamés par les consuls furent assurés moyennant la somme de trois mille livres (1). Même, peu de temps après, Messalan céda son fief au Roi, et la ville con-

(1) Archives.

tribua à cette acquisition pour mille francs d'or; depuis elle n'a cessé de relever entièrement de la couronne (1).

Tous les documens de cette époque représentent la ville comme une mine jadis riche, actuellement épuisée, qu'on exploitait à l'aide de divers expédiens. En l'année 1384, l'épouse d'un nommé Martin, meunier, était détenue dans les prisons, comme prévenue d'adultère. Au mépris des droits attachés aux officiers de la justice royale, les consuls Arnaud Ladinian et Étienne Gaubert informèrent contr'elle, convoquèrent les prud'hommes, et, après avoir recueilli leurs avis, la condamnèrent à courir nue par la ville selon la coutume, et à deux ans de bannissement. Une poursuite fut dirigée contr'eux, à raison de ces actes, par le procureur du roi en la sénéchaussée. Il ne s'agissait de rien moins que d'obtenir la suppression du consulat et une amende contre chacun des coupables. La cour avait ordonné que les consuls

---

(1) « In mille francos auri, ratione cujusdam donationis » per dictos consules eidem Domino meo factæ, in adjutorium villæ prædictæ et partis domini de Messalano. »
Arch., acte du 11 août 1376.

modernes figureraient au procès pour prendre le fait et cause des prévenus ; lorsque ceux-ci, redoutant une condamnation, s'adressèrent au duc de Berry, gouverneur de la province. Le moyen d'en finir était infaillible : en offrant la somme de six cents livres d'or, ils obtinrent des lettres d'abolition de la procédure (1).

Cependant, sur les plaintes des peuples gémissant sous le poids des exactions, Charles VI résolut de visiter la province pour remédier aux abus qui la désolaient. Il y pénétra par Lyon, et fit son entrée à Carcassonne au mois de novembre 1389. Voyageant à cheval, accompagné de Messire Louis de Sancerre, son maréchal, il vint à Limoux et donna audience à ses sujets, qu'il écouta favorablement (2). De là, s'étant rendu, par Montréal et Fanjaux, à Toulouse, il y fit publier un édit, qui réduisait à quatre le nombre des consuls dans toutes les villes de Languedoc. Ce réglement ne put convenir à la plupart d'entr'elles. En l'année 1403, les consuls de Limoux s'adressèrent au duc de Berry, gouverneur de la

(1) Lettres du mois de décembre 1385.

(2) Froissard, tom. II, pag. 25.

province, pour lui représenter que, de toute ancienneté, la ville avait été gouvernée par six consuls, selon le nombre de ses quartiers; que ces magistrats se trouvaient surchargés d'affaires, notamment de procès criminels; que ceux d'entr'eux qui se livraient au négoce, s'absentaient parfois, fréquentant les diverses foires de la province et se portant même dans les états voisins; de telle sorte que le nombre de six consuls était indispensable à la bonne administration de la ville. Ces motifs furent agréés du prince, qui ordonna que la ville serait gouvernée selon son ancienne coutume (1).

Le trop long règne de Charles VI était loin de réparer les maux de la France. Sa démence porta le duc d'Orléans, son frère, et le duc de Bourgogne, son oncle, à prendre les rênes de l'état; mais ces princes ne cherchèrent qu'à se nuire. Après la mort de son père, Jean-Sans-Peur, duc de Bourgogne, se rendit maître de la régence; il devint le moteur principal de la guerre civile; et le meurtre du duc d'Orléans, commis par son ordre, loin de l'abattre, fortifia sa puissance. Alors la France était livrée

(1) Lettres du 26 mars 1403.

aux factions des Orléanais et des Bourguignons. Le Roi, d'abord uni au duc de Bourgogne, fatigué enfin de ses excès, se tourna contre lui et lui fit la guerre. Pour fournir aux frais de l'expédition, cent cinquante mille livres furent imposées à la province déjà si épuisée; mais, tandis qu'on levait les subsides, des émissaires du duc de Bourgogne excitèrent les peuples à la révolte. Des troubles éclatèrent en divers lieux, notamment dans les villes de Carcassonne et de Limoux. Au mois de mai 1414, la populace de cette dernière ville, dirigée par Me Bernard de Fortassi, licencié en droit, s'empara des portes et fit le guet contre le gré des consuls. L'intention des malveillans était d'en imposer aux habitans paisibles, et d'introduire des étrangers dans les murs pour exécuter les projets qu'ils méditaient; ils tinrent des assemblées secrètes et se livrèrent même à des actes de violence. Ce fut en vain que les consuls tentèrent par la persuasion de les ramener; privés de forces suffisantes, ils ne furent pas écoutés. Alors ils se réunirent aux officiers du Roi et résolurent, d'accord avec eux, de se mêler aux séditieux, afin de les diriger et de prévenir de plus grands malheurs. Le peuple est bientôt fatigué de ses excès. Peu de jours après, les assemblées cessèrent et l'ordre fut rétabli. Cependant il était à craindre que les consuls ne fussent compromis dans une affaire qu'ils avaient menée à si bonne fin. C'est ce qui les porta à députer des commissaires au maréchal de Boucicaut, capitaine-général en Languedoc. Le 18 de juillet, Pierre Faure, consul, Jean Maurel, bachelier en droit et autres se présentèrent au maréchal en son château de Balma près de Toulouse. Après lui avoir exposé la conduite des consuls, ils sollicitèrent sa protection. Le maréchal répondit qu'avant leur arrivée il avait résolu de procéder lui-même à une information sur les lieux. En effet, le 20 de juillet, il vint à Limoux, accompagné de plusieurs barons, clercs et officiers. Les principaux coupables avaient pris la fuite, et la ville s'était hâtée d'acquitter les subsides. Le maréchal fit faire des arrestations, donna la liberté à des innocens mal à propos arrêtés, ordonna la confiscation des biens appartenant aux fugitifs et recueillit les instructions nécessaires. De là il se rendit à Carcassonne, où une semblable sédition avait éclatée. Ce fut le 13 août suivant qu'étant à Béziers il prononça la sentence, après avoir pris les avis des évêques de Béziers et de Gap, des sénéchaux de Toulouse et de Carcassonne et d'un grand nombre de barons, d'officiers du Roi et de jurisconsultes. Il considéra que les consuls avaient montré de la faiblesse et favorisé la fuite de quelques séditieux, à qui ils étaient attachés par les liens de la parenté; et, sur ces motifs, eux et leurs successeurs furent privés, pendant quatre ans, de la garde des clefs de la ville et de l'exercice de la justice, qui leur était dévolue par leurs priviléges. Une amnistie générale fut accordée aux habitans, eu égard à la bonne conduite des personnes notables, au paiement des subsides et à la soumission d'un grand nombre de coupables. Dix-sept furent exceptés; de ce nombre, sept qui avaient disparu furent mis en accusation, et il fut dit qu'au cas de contumace ils seraient condamnés à la relégation perpétuelle, avec confiscation de leurs biens. Les dix autres furent déclarés leurs complices et livrés au sénéchal de Carcassonne (2). Cette décision ne fut exécutée qu'en partie; quelques-uns subirent

(1) Archives.

leur peine; mais la ville avait été traitée trop sévèrement. Les consuls étaient plus dignes d'éloges que de blâme : le maréchal s'en était convaincu, puisqu'il avait suspendu l'exécution de cette partie de la sentence jusqu'aux fêtes de Noël, afin que des lettres de grâce pussent en arrêter l'effet. Ce délai était expiré, et les choses demeuraient dans le même état, lorsqu'enfin, par lettres patentes du 4 juin 1415, le Roi, convaincu de la conduite honorable des consuls, annula la partie de la sentence qui les concernait (1).

Au milieu des désordres de la guerre civile, Henri V, roi d'Angleterre, crut la circonstance favorable pour renouveler les prétentions d'Édouard III à la couronne, ou du moins pour reconquérir les provinces que ce dernier prince avait possédées. La bataille d'Azincourt fut moins funeste aux Français que leurs divisions. Le duc de Bourgogne, allié du roi d'Angleterre, attira au parti de l'étranger la reine Isabelle de Bavière, qui oubliait ainsi tous les sentimens de la nature. Vainement le Roi et Charles, son fils, nommé lieutenant-

(1) Arch., lettres patentes du 4 juin 1415.

général du royaume, adressèrent des lettres à leurs officiers, dans la province, aux fins d'exiger, du clergé, de la noblesse et des villes, un nouveau serment de fidélité (1). La plupart des villes se déclarèrent pour le duc de Bourgogne. Toutefois Limoux demeura fidèle. Il est vrai qu'en 1418 quelques individus sans aveu portèrent une dénonciation au vicomte d'Armagnac, capitaine-général en Languedoc : ils disaient que les habitans étaient fort divisés; que des fauteurs de désordre poussaient à la révolte; qu'ils auraient exécuté leurs desseins s'ils n'avaient été contenus par des hommes d'armes; que, néanmoins, il serait facile de livrer la ville aux ennemis. Ces accusations étaient calomnieuses; mais le comte crut prudent d'enlever aux consuls la garde des clefs et le gouvernement de la ville. Du reste cet ordre de choses ne fut pas de longue durée, car, au mois de mai suivant, le comte de Foix, appelé au gouvernement de la province, convaincu de la fidélité des habitans, restitua aux consuls leurs priviléges, en ordonnant au vi-

(1) Archives.

guier de publier ses lettres, afin d'en imposer aux malveillans (1).

Ainsi finirent les évènemens dont Limoux fut témoin durant cette époque malheureuse. Je ne dois pas omettre cependant que des compagnies de routiers, vivant de brigandages, désolèrent la province. En 1438, le bâtard de Béarn, le capitaine Salazar et le bâtard d'Armagnac, à la tête de cinq cents hommes d'armes, se jetèrent dans le Bas-Rasez, prirent et saccagèrent les lieux de Caillau, Caillavel et autres, et levèrent, par contributions, environ trois mille livres. Ces excès ne cessèrent que lorsque les états de la province consentirent à leur donner une forte somme pour prix de leur retraite. Un an après ils vinrent de nouveau ravager le Lauragais et les environs de Montréal et de Limoux; ils ne se retirèrent enfin que pour aller grossir l'armée royale dans le Poitou.

Les temps auxquels nous sommes arrivés n'offrent rien de remarquable. L'histoire de la province n'est même d'aucun intérêt; on semble s'être livré au repos, pour s'agiter de plus

(1) Arch., lettres du 14 mai 1419.

fort durant les guerres de religion. Remplissons cet intervalle de quelques objets particuliers.

Charles VI avait défendu la chasse aux non nobles, qui ne jouissaient point de ce privilége, ou qui n'en avaient point obtenu la permission expresse. Mais, sur les représentations des trois sénéchaussées de la province, Guilhaume, vicomte de Melun et réformateur des eaux et forêts, « rétablit les habitans dans le droit de » chasser à toutes bêtes, à pied clos et à pied » pelu, et à tous oiseaux, hors garennes, ré» servant que, s'ils prenaient aucuns faucons, » tercelles et autres oiseaux gentils, ils seraient » tenus de les porter au maître des eaux et fo» rêts du pays de Languedoc, pour en faire » ce qui sera à faire de raison ». Ce réglement général fut confirmé par lettres patentes du mois d'octobre 1397, en vertu desquelles ceux de Limoux obtinrent spécialement des réformateurs, en 1399, 1437, 1463 et 1470, la confirmation de ce droit, exercé de tout temps dans l'étendue de la viguerie, à la charge d'être dans le jour rendus à leurs foyers. Ils obtinrent aussi de Charles VII, en 1436, le droit de pêcher dans la rivière d'Aude aux mêmes conditions, et des lettres des réformateurs, ainsi que les dénombremens de la ville, attestent qu'ils en ont usé jusqu'à la révolution de 1789 (1).

Au commencement du quinzième siècle il s'opéra un changement dans le mode de percevoir les tailles. À la division par sénéchaussées et par vigueries on substitua les circonscriptions ecclésiastiques. Par cet ordre, Limoux aurait dû dépendre du diocèse de Narbonne; tandis que le diocèse d'Alet devait former une circonscription particulière. Il n'en fut pas ainsi à cause de son importance et de ses anciennes prérogatives. Son officialité fut réunie administrativement au diocèse d'Alet. Chacune de ces villes envoya, annuellement, aux états un des consuls; mais le diocèse et l'officialité n'y furent représentés que par un député diocésain (2). Comme Limoux était le chef-lieu de la viguerie, c'était là que, de tout temps, les députés avaient été convoqués pour répartir l'impôt; c'était là aussi que résidait le receveur des finances. Alet,

(1) Archives.

(2) Procès-verbal de l'assiette de 1608.

siége de l'évêché, revendiqua ces prérogatives; mais ses efforts furent inutiles : les droits de Limoux furent confirmés par Guilhaume, évêque de Laon, gouverneur des finances en Languedoc (1). L'assemblée des députés répartiteurs était appelée *assiette ;* elle était composée d'un délégué des commissaires royaux aux états de la province, qui la présidait; de l'évêque d'Alet et de l'official de Limoux; du viguier et de son lieutenant; des seigneurs de Mirepoix, d'Arques, de Belcastel, de Puicheric, d'Ajac et de Belvèze; des consuls de Limoux et d'Alet; de huit députés des lieux de Quillan, Belcaire, Roquefeuil, Rodome, Saint-Paul-de-Fenouillèdes, Caudiés, Latour et Sournia; de trois députés d'Espéraza, Couiza et Arques, qui représentaient le Haut-Rasez, et de douze députés du Bas-Rasez, savoir : de Pieusse, Magrie, Routier, Belvèze, Lauraguel, Malviés, Cépie, Cambieure, Brugairolles, Villelongue, Mazeroles et Alaigne (2). Cet état de choses se maintint jusqu'à 1660, époque à laquelle l'officialité fut détachée

(1) Arch., lettre du 23 mai 1435.

(2) Procès-verbal de 1608.

du diocèse d'Alet, et forma la seconde municipalité diocésaine de la province ecclésiastique de Narbonne, qui fut représentée aux états par un des consuls de la ville et par un député diocésain (1).

En l'année 1440, le Roi, instruit que des soupçons graves s'élevaient sur la conduite des consuls, les révoqua et confia leurs pouvoirs à six commissaires. Ceux-ci dirigèrent contr'eux et contre le viguier, son juge et seize autres personnes, une demande en justice dans le but d'en obtenir le remboursement de sommes considérables. Tandis que cette contestation était pendante par appel au parlement de Paris, des partisans, qui avaient pris couleur de part et d'autre, se livraient fréquemment à des rixes. Une décision judiciaire ne pouvait qu'exaspérer les esprits et donner lieu à des suites fâcheuses. On chercha à la prévenir: Philippe de Levis seigneur de Mirepoix, Philippe de Voisins seigneur d'Arques, Guil-

(3) Voy. Essai historique sur les états de Languedoc, par M. Trouvé, pag. 329. = Géographie historique, ecclésiastique et civile, par Vaissète. = Armorial du Languedoc.

haume de Belcastel, Jacques de Turey seigneur de Puichéric, les seigneurs d'Ajac et de Belvèze, les consuls d'Alaigne, de Mazerolles, de Routier, de Caillau et d'autres lieux présentèrent une supplique au Roi et en obtinrent des lettres, par lesquelles les commissaires furent autorisés à terminer le procès à l'amiable. Le 28 avril de l'année suivante il fut convenu qu'on s'en rapporterait à la décision de l'évêque d'Alet et d'autres personnes de marque (1). Il paraît que tout fut réglé au gré des parties, puisque, peu de temps après, on vit, à la fois, au consulat les consuls révoqués et des membres de la commission (2). On s'occupa, il est vrai, d'imposer des formes plus sévères aux élections consulaires; c'est ce qui donna lieu à un arrêt de réglement rendu par le parlement de Toulouse (3), qui portait, entr'autres dispositions, que le viguier ou son juge présiderait à l'avenir les élections, et, qu'entre ses mains les consuls sortans seraient tenus de prêter le serment de procéder avec loyauté au

(1) Archives.

(2) Registre des priviléges, élections consulaires.

(3) En 1115, archiv.

choix des électeurs. Nous verrons que ce réglement subit plus tard de grandes modifications.

Le 10 août 1453 l'église de St.-Martin fut consacrée par le révérend père Michel, évêque de Nio (1). On lit dans le procès-verbal dressé par ce prélat : « Comme l'église paroissiale de
» Limoux n'avait jamais été consacrée, à la re-
» quête et prière des consuls et des paroissiens,
» et par la licence du vicaire-général du révé-
» rend père en Dieu, Louis de Harcourt, ar-
» chevêque et primat de Narbonne, nous avons
» consacré et dédié ladite église à St.-Martin,
» à Ste.-Marie, à St.-Luc, à St.-Michel, aux
» onze mille vierges, à St.-Barthélemy, à St.-
» Blaise, aux apôtres Pierre et Paul, à St.-
» Paul de Narbonne, à Ste.-Marie de Betbléem
» et à Ste.-Fatime, selon l'usage de Rome et les
» instituts canoniques; et, afin que la dévotion
» et la charité des fidèles s'accroissent de jour
» en jour, nous avons accordé quarante jours
» d'indulgences à tous ceux qui rempliront

---

(1) Michel de Padrolo, de l'ordre des Frères-Prêcheurs, évêque de Nio, île de l'Archipel, coadjuteur de l'archevêque de Narbonne.

Dictionn. des Sciences Ecclésiastiques

» annuellement les devoirs religieux, le jour » ou dans l'octave de la dédicace et à chaque » fête des Saints et Saintes honorés dans la- » dite église ». En mémoire de cette cérémonie, les consuls Guilhaume Maury, Pierre Denis, Raymond Tisseire seigneur de Ville-Martin, Bernard de Mézerat, Pierre Arrufat et Jean Séguier firent le voeu, en présence de l'évêque consacrant, de faire, tous les ans, une procession générale le même jour 10 août, fête de St.-Laurent (1).

Je trouve dans les archives, que la tour de St.-Martin fut construite en 1533 et la flèche en 1596. Je trouve aussi, qu'au mois de mai 1511, Jean Colombe, évêque de........., consacra les couvens des Frères-Mineurs, des Frères-Prêcheurs, des Augustins et des Trinitaires, ainsi que la Chapelle du Crucifix, bâtie près du cimetière. Cette église était un chef-d'œuvre d'architecture (2).

L'église champêtre de Notre-Dame-de-Marceille fut restaurée en l'année 1488. Ce monument, agréablement posé et décoré par les arts,

(1) Archiv., registre des priviléges.

(2) Archiv., registre des priviléges.

paraît devoir son origine aux bénédictins de l'abbaye de St.-Hilaire. Ayant acquis, en 854, et possédé pendant quatre siècles les églises de Limoux, il est probable que sur la route de St.-Hilaire à Limoux ils élevèrent, pour servir de stations, les chapelles de St.-Jaume et de Marceille. Quoiqu'il en soit, il est fait mention de celle-ci dans un acte de l'année 1277 (1). A une époque incertaine, l'archevêque de Narbonne en fit don aux boursiers du collége de Narbonne à Paris, et ceux-ci la cédèrent à leur tour à la ville, moyennant une redevance annuelle de six livres. Ce fut alors que, sous l'administration municipale, elle reçut cette forme simple et gracieuse qui plaît à nos regards, et devint la plus belle église champêtre du midi de la France. Dans le cours du 16.e siècle elle servit, tour-à-tour, en temps de peste, de lazaret et, pendant les guerres civiles, de corps-de-garde pour protéger les récoltes contre les dévastations des Huguenots qui infestaient les lieux voisins. En l'année 1660 (2), la ville la rétroceda à l'archevêque

(1) « In terminio Sanctæ Mariæ de Marcelano. » Arch.

(2) Délibération de l'année 1662, Arch.

de Narbonne, qui avait l'intention d'y établir un séminaire pour l'instruction des ecclésiastiques du Rasez. Ce projet ayant été abandonné, l'archevêque la donna aux doctrinaires, professeurs du collége, qui l'ont conservée jusqu'à la révolution. On sait qu'elle a été préservée du vandalisme révolutionnaire par l'acquisition qu'en firent plusieurs particuliers et qu'elle attire, comme autrefois, la vénération d'un grand nombre de fidèles.

Depuis quelques années la guerre régnait dans le voisinage. Réné, roi de Naples et comte de Provence, avait élevé des prétentions sur la Catalogne et l'Aragon; et, pour les soutenir, une armée était entrée en Espagne sous le commandement de son fils Jean, duc de Calabre. Louis XI, ancien allié du roi d'Aragon, s'était déclaré du parti du roi de Naples; et comme le roi d'Aragon avait surpris la ville de Perpignan, le Roi, pour la reprendre, convoqua le ban et l'arrière-ban de la province, et les dirigea en Roussillon. Guilhaume Bernard de Montjardin, viguier de Limoux, y parut à la tête de six cents arbaletriers, et s'y distingua par ses talens et son courage. De l'ordre du Roi, il passa les Pyrénées seul, travesti et à pied, pour aller porter des dépêches au duc de Calabre. Aussi, en récompense de ses services, le Roi lui fit don des terres de Feste et de Montaut (1). Mais le pays éprouva durant cette guerre de grandes calamités : des détachemens de l'armée du roi d'Aragon pénétrèrent dans les pays de Sault et de Fenouillèdes, et y portèrent le feu et la mort ; la peste exerçait alors toute sa fureur ; les troupes du Roi commirent, à leur passage, beaucoup de désordres, et les environs de Limoux, privés de police, furent infestés par des bandes de malfaiteurs. On rapporte que onze individus, venant à la foire de St.-Martin, entraînés dans une forêt voisine, y furent *dérobés* et n'eurent que la vie sauve (2). Les Espagnols ne fréquentèrent plus la foire de St.-Georges ; et, après plusieurs années, ne les voyant plus reparaître, les consuls furent contraints de solliciter et obtinrent, du gouverneur de la province, la division de cette foire en deux, de sept jours chacune : l'une à St.-Georges et

(1) Lettres de Charles VIII de l'année 1481. Ms.

(2) Ibidem.

l'autre à la Pentecôte (1). Il paraît même que ces changemens n'amenèrent aucun résultat ; car, depuis, il n'est plus fait mention de ce marché jadis si important.

Un demi-siècle s'écoule sans évènemens remarquables ; mais, sous le règne de François I.er, la ville fut en proie à de nouveaux désordres. Ce prince, fait prisonnier à la journée de Pavie, le 24 janvier 1525, ne rentra en France qu'au mois de mars de l'année suivante. Durant sa captivité, les compagnies de Navarre et du sieur de Bonnanat, composées de trois cents cavaliers, demeurèrent en garnison dans la ville et se livrèrent à toutes sortes de violences. Ils ne consentirent à se retirer que moyennant la somme de six mille livres (2). En l'année 1537, Charles-Quint eut le dessein de conquérir la Provence et le Languedoc, pour réunir à l'Espagne ses états d'Italie. Tandis qu'il assiégeait Marseille, les espagnols parurent sur deux points de la province ; les uns, qui avaient pénétré jusqu'à Salses et à Fitou, en furent expulsés par le grand-maître de Montmorenci ;

(1) Archiv. du 9 novembre 1189.

(2) Registre des priviléges, pag. 7, verso.

les autres prirent et livrèrent au pillage et aux flammes St.-Paul-de-Fenouillèdes, St.-Louis et autres lieux voisins; mais comme Carcassonne et Limoux s'étaient hâtés de réparer leurs murailles, ils ne tentèrent point de s'en rendre maîtres. En 1543, on craignit une nouvelle invasion : ceux de Toulouse, au nombre de mille hommes, sous le commandement du baron de Fourquevaux, se jetèrent dans Carcassonne. Limoux, de l'ordre du vicomte de Joyeuse, s'approvisionna d'armes et de munitions; mais les Espagnols n'osèrent point paraître (1).

(1) Histoire générale de Languedoc, tom. v. = Bouges, pag. 302. = Délibérations du conseil de la ville.

CHAPITRE VI.

Guerres de Religion.

Nous voici arrivés aux temps des discordes civiles, dues à l'introduction en France des doctrines de Calvin. Mon dessein n'est pas d'emprunter à l'histoire générale l'origine de ces idées nouvelles et les véritables causes de nos troubles. Sans prendre couleur dans une lutte où tant de torts éclatèrent de toute part, je me bornerai à donner le récit des évènemens qui intéressent notre contrée.

La sévérité du gouvernement, les rigueurs du parlement, la sagesse des états ne purent arrêter la marche rapide du calvinisme dans la province. Les réformés réclamèrent l'exercice libre de leur culte ; il fallut enfin les satisfaire : l'édit de pacification, du mois de janvier 1562, leur permit de faire leurs prêches et leurs exercices religieux dans les faubourgs des villes, et ce premier acte de tolérance causa dans Limoux bien des malheurs.

Déjà, en 1542, un bachelier en droit, nommé Jean Cadurque, de Limoux, avait été brûlé vif à Toulouse, par arrêt du parlement, pour avoir soutenu opiniâtrément les nouvelles doctrines ; mais depuis elles avaient acquis de nombreux sectaires. On peut en juger par une lettre que Philippe de Levis, sénéchal de Carcassonne, adressait aux magistrats le 5 novembre 1561 : « Il me déplaît grandement » de la pullulation et augmentation des héré- » tiques et abandonnés de Dieu, lesquels » sont cause de tant de maux au royaume de » France. Je vous prie penser que je ne suis » ni leur ami ni consentant à leur méchante » et malheureuse doctrine, et vous déclare » que je suis tout prêt à exposer ma personne

» et à répandre mon bien à leur faire la » guerre. »

A l'occasion de la mise à exécution de l'édit, les calvinistes occupèrent de vive force, dans la Petite-Ville, l'église des frères-prêcheurs; et, le deux mars, deux catholiques périrent dans une émeute. Vers le même temps, des troubles éclatèrent aussi à Carcassonne. Défaits par les catholiques, ceux de la religion réformée abandonnèrent cette ville le 19 de mars et vinrent la plupart, avec le ministre Vigneaux et son diacre, grossir le nombre de leurs co-religionnaires. Dès-lors ils cherchèrent à se rendre tout puissans. A l'instigation du ministre Vigneaux, un engagement eut lieu, dans lequel sept ou huit catholiques furent tués; d'autres, sous la conduite de Pierre Rabot, seigneur de Pomas, se réfugièrent dans une église et s'y défendirent durant plusieurs jours; mais, manquant de vivres et de munitions, ils furent contraints de capituler et de sortir de la ville.

Cependant Pomas, ayant reçu des secours de Carcassonne, parvint, le 7 de mai, à se rendre maître de la Petite-Ville; mais le lendemain Barthélemy de Malhaurens, fils de Pierre de Malhaurens viguier, jeune homme qui avait abjuré la religion de sa famille, l'attaqua avec vigueur et le contraignit à déloger. Le 2 mai, le seigneur de Novelles et le bâtard de St.-Couat amenèrent des secours aux calvinistes et prirent le commandement de la place. Deux jours après, Pomas reparut, pour en faire le siége, avec dix compagnies et de l'artillerie qu'il avait tirée de Carcassonne; sept ou huit cents Bandouliers, gascons ou espagnols, commandés par Peyrot Loupian, fameux capitaine de Miquelets, quittèrent les corbières, qu'ils désolaient, pour se joindre à Pomas. Dès leur arrivée, ils tentèrent l'assaut; mais ils furent repoussés avec perte. Dès-lors, ne se sentant pas en forces suffisantes, les deux corps des assiégeans se séparèrent et occupèrent les villages voisins pour y attendre de nouvelles troupes. De leur côté, les assiégés sollicitèrent vainement des secours de toutes parts; ils ne reçurent, le 16 mai, que cinquante hommes d'armes munis de cent livres de poudre.

Sur ces entrefaites, le parlement, ayant résolu de faire régulièrement le siége de la ville, envoya des troupes sous le commandement de Jean de Levis, fils du sénéchal de Carcassonne. Ce jeune seigneur appela la noblesse du pays: on y distinguait Lavelanet, Pomas, Castelmaure, Léran, le bâtard de Levis, le seigneur de Chalabre, le capitaine Landrecy, les seigneurs de Feste et de Gardouch. Ce fut en vain que Jean de Levis fit battre en brèche avec seize pièces d'artillerie et donna deux assauts; la ville ne fut prise, le 6 juin, que par trahison. Un bourgeois, gagné par des promesses, pratiqua secrètement une ouverture dans le rempart et introduisit, pendant la nuit, un grand nombre d'assaillans dans la place. Au signal donné, Levis, Pomas, Dodo et Pinx le jeune dirigèrent leurs attaques sur divers points. Les uns élargissent la brèche que l'artillerie avait faite; d'autres mettent le feu aux portes à la faveur de mantelets qu'ils roulent jusqu'au pied de la muraille; les bandouliers, campés devant la Petite-Ville, montent à l'assaut, et le capitaine Noailles, à la tête de ceux qui avaient pénétré par l'ouverture pratiquée, se montre et facilite l'entrée des assiégeans. Alors on fut témoin de toutes les horreurs de la guerre: trois cents assiégés périrent; le ministre Vigneaux fut tué dans la mêlée; Noailles reçut une grave blessure, et le capitaine St.-Couat fut pendu avec soixante prisonniers. On rapporte même que les vainqueurs commirent des actes infâmes : un soldat s'était logé chez une veuve qui avait racheté, moyennant une forte somme, la pudicité d'une fille unique; ne tenant aucun compte de ses promesses, il reçut la somme, viola la fille en présence de sa mère et les tua toutes deux. Des catholiques furent confondus parmi les victimes. Jean Ribes, trouvé hors des murs, fut horriblement mutilé; on lui coupa le nez, on lui creva les yeux. Enfin, le 13 juin, Bernard Sénier, lieutenant du viguier et octogénaire, reçut la mort comme il sortait de l'église, et son corps, dépouillé et laissé sur le pavé, demeura exposé aux insultes de la populace. La ville fut livrée au pillage; elle possédait de grandes richesses acquises par une industrie alors florissante; on peut en juger par la part du butin qui revint au chef, et qui fut d'environ cent mille écus en or.

Les catholiques eurent à regretter la perte d'un de leurs officiers les plus distingués : le capitaine Pinx, gentilhomme de la province, avait acquis, à l'âge de trente-cinq ans, une réputation honorable au service du Roi; amoureux de la gloire et désireux de connaître sa destinée, il consulta, selon les préjugés du temps, Nostradamus, célèbre astrologue de cette époque; il en reçut le conseil, qu'après avoir atteint un poste important, il devait se montrer par quelque action d'éclat. Ce fut par contrainte qu'il se jeta dans les guerres civiles; il se distingua à la réduction de Toulouse; il était honoré du grade de maître de camp au siége de Limoux. Ce fut alors qu'il crut l'occasion favorable de tenter la fortune. Le 6 de juin, il était à la tête de ceux qui montaient à l'escalade; sans cuirasse, la dague à la main, il s'avançait sur le parapet pour en déloger les assiégés, lorsqu'il essuya une décharge de mousquéterie et fut percé de coups. L'armée le regretta, et son corps, porté dans l'église catholique, y fut enseveli avec toute la solennité guerrière (1).

Le siége et le sac de la ville devaient prémunir ses habitans contre de nouvelles tentatives

(1) Voy. l'hist. génér. de Languedoc, t. v, p. 216. = Lapopelinière, liv. 8. = De Thou, hist. de France, liv. 32. = Bèze, hist. des églises réformées, liv. 10. = Hist. de Carcassonne par le père Bouges, p. 314. = Registre de la Confrérie du St.-Rosaire, pag. 509. = Acte retenu par Castel, notaire à Limoux, le 5 janvier 1672.

de désordres ; aussi, durant les trente années de guerre civile qui suivirent, surent-ils se maintenir paisibles possesseurs de leurs murs; tandis que les environs, occupés par les calvinistes, devinrent le théâtre de la guerre et de la dévastation. Ces évènemens exercèrent la plus grande influence; ils anéantirent l'industrie et plongèrent le peuple dans la détresse. Exposons, avec détail, ce qu'ils offrent d'intéressant.

Il est vrai qu'en 1565 les calvinistes reparurent dans la ville; ils levaient la tête, se montrant en armes et tenant des assemblées publiques; mais les consuls agirent avec vigueur, et les craintes se dissipèrent.

Les archives sont muettes sur les horreurs de la St.-Barthélemy (1572). Il paraît que la ville en fut préservée par la sagesse du vicomte de Joyeuse, lieutenant-général en Languedoc. D'ailleurs dans les murs assez de massacres avaient été commis, et au dehors les calvinistes étaient tout puissans. Ils surprirent la ville d'Alet vers la fin de mars 1573. Vainement les catholiques, qui s'étaient réfugiés dans un moulin fortifié, après avoir reçu des secours de Carcassonne et de Limoux, livrèrent un combat dans lequel ils eurent l'avantage; quelques jours après ils furent contraints de se retirer.

Vers le même temps, les calvinistes s'emparèrent de Quillan, Bugarach, Serres, Rouvenac, Tournebouch, Villelongue, Brugairolles et Caillau; mais, plus la ville était menacée, plus les consuls usaient de surveillance. Journellement avertis par des villes amies, ils se tenaient sur la défensive avec la garde bourgeoise et une garnison de quatre compagnies sous les ordres du sieur de Montarre.

Toutefois les environs étaient livrés au brigandage. Sortant à l'improviste de leurs retraites, les calvinistes brûlaient les fermes, rançonnaient les habitans, enlevaient les troupeaux et détruisaient les récoltes. Cet état déplorable porta les consuls, en 1575, à solliciter des secours auprès de Laviston, gouverneur de la cité de Carcassonne. Cet officier arrive à la tête de troupes nombreuses, et, en peu de jours, Alet, Caillau et Brugairolles, se soumettent. Mais ces succès ne furent pas de longue durée : deux ans après (1577), les calvinistes occupèrent Magrie, ravagèrent les environs de Limoux et reprirent Alet. Ce fut alors qu'on renversa les autels de cette ville, qu'on chassa les prêtres et les catholiques, et que l'église, monument antique dont on voit encore de belles ruines, fut détruite. Le bourg de Couiza, qui appartenait à l'illustre maison de Joyeuse, tomba aussi en leur pouvoir. Le vicomte de Joyeuse et sa famille y coururent de grands dangers; il eut à peine le temps de fuir avec un de ses fils et une faible escorte; son épouse, qui ne put le suivre, fut mise à rançon et son château livré au pillage (1).

Le 10 août 1577, les calvinistes tentèrent par surprise de se rendre maîtres de Limoux: étant descendus de nuit dans le lit de la rivière, ils avaient appliqué des échelles au pont vieux; tandis que, parvenus au parapet, ils étaient sur le point de pénétrer dans les murs, ils furent découverts par la garde qui fesait la ronde. Un engagement eut lieu; effrayés, ils prirent la fuite, et les bourgeois rendirent grâce de cette heureuse délivrance à la Vierge du Rosaire, Protectrice de la ville (2).

---

(1) Hist. génér., t. v, pag. 351. = Bouges, pag. 758. = Notes communiquées par le Maire d'Alet.

(2) Regis. de la Confrérie du Rosaire. = Voy. le tableau qui représente cet évènement dans l'égl. de la Petite-Ville.

Les calvinistes reprirent Caillau, Caillavel et Brugairolles. Pour les déloger, des troupes furent envoyées sous les ordres du marquis de Mirepoix : ce seigneur dirigea sa première attaque contre Caillau; après trois assauts, il s'en rendit maître, et la garnison fut passée au fil de l'épée.

Cependant les désordres, qui régnaient sur tous les points de la province, attirèrent les regards de la Cour. Jean de Montluc, évêque de Valence, s'étant rendu, de l'ordre du Roi, aux états tenus à Béziers au mois d'avril 1578, porta les députés catholiques et calvinistes à vivre en paix, en se conformant aux édits; mais, ses efforts furent infructueux, les hostilités continuèrent. Pour y mettre un terme, la Reine mère se dirige vers la province; arrivée à Nérac, elle a une conférence avec Henri, roi de Navarre. Les édits concernant les calvinistes furent modifiés à leur avantage; le Roi approuva ces réglemens; mais la ligue murmura, les prêtres déclamèrent et on ne remédia à rien.

Les calvinistes continuèrent donc de dévaster le pays. Afin d'arrêter leurs meurtres et leurs violences, des secours furent demandés au duc de Montmorenci, gouverneur de la province; et les états, appelés à en délibérer, chargèrent des commissaires de faire raser, en cas d'occupation, les fortifications d'Alet et de Brugairolles. Mais, vains desseins, l'année 1580 se passa dans la plus grande agitation : le roi de Navarre se déclare pour les calvinistes, et partout la guerre recommence avec plus de fureur. A ce fléau se joignent la disette et la mortalité. Des documens nous peignent la triste situation de la ville; on y est constamment en alerte; tantôt les consuls de Chalabre, de Fanjeaux et d'autres lieux voisins, donnent l'avis que les huguenots, sortis du comté de Foix, menacent de surprendre la ville; tantôt ceux de Brugairolles s'avancent jusqu'aux portes et ravagent la campagne; on apprend chaque jour la perte de quelque bourg; même, dans la ville, de mauvais citoyens conspirent pour la livrer; le 20 février le conseil délibère, que la misère du peuple est telle, que les consuls doivent faciliter l'entrée des denrées et contraindre les marchands à les vendre; il faut réparer les murailles, entretenir une garnison; il faut conserver un corps-de-garde à l'église de Marceille, en placer un autre à l'église de

Salles pour arrêter les dévastations des récoltes ; l'entrée est défendue aux étrangers ; les consuls sont priés de faire la recherche des armes que cachent les particuliers ; on forme une ligue du clergé, de la noblesse et du tiers état du diocèse ; elle tient ses assemblées dans la ville ; l'official propose d'appeler le secours des Espagnols, en ayant obtenu l'agrément du duc de Montmorenci ; mais, tout en rejetant cet avis dangereux, la ville, instruite par le passé, parvint à éviter de nouvelles calamités.

Cependant, depuis quatre ou cinq ans, les consuls étaient souvent avertis, par les étrangers, qu'un complot s'ourdissait dans les murs. Tandis que leur sollicitude tendait à en découvrir les auteurs et à se prémunir contre leurs attaques, le 18 de mai 1583, Bernard Danous se présenta à Antoine Faure, Pierre Marty et Denis Ranèze, consuls, et leur fit part que des conjurés l'avaient chargé de porter leurs dépêches au sieur Daudon, gouverneur de la ville d'Alet ; il ajouta que, depuis long-temps, ils avaient des intelligences avec ce chef de huguenots ; que la ville devait être livrée sous peu de jours, et que par ses démarches il avait voulu prévenir ce malheur. A l'appui de ses révélations, il produisit des lettres qu'on lui avait confiées. Les consuls s'en saisirent et engagèrent Danous à continuer de leur transmettre celles dont il pourrait être chargé encore, lui promettant une récompense. Par là tout fut dévoilé : Barthélemy Pech dit le Contrôle, Pierre Gleizes et Barthélemy Sauri, furent arrêtés; une information fut faite; ils avouèrent leur crime, et, par sentence du 18 de juin 1583, Nicolas Pezon, prévôt général de Languedoc, condamna Pech et Gleizes à avoir la tête et les quatre membres tranchés, et Sauri à être pendu, après avoir été mis à la question pour dévoiler leurs complices. Ils furent exécutés le même jour sur le gravier de l'Aude, et leurs biens furent confisqués. Bernard Danous avait rendu un service signalé; aussi, pour le reconnaître, le conseil de la ville lui fit don d'une pension de cent livres, à la charge de visiter deux fois par jour les portes et les remparts (1).

Les pertes éprouvées depuis longues années et les frais qu'exigeait la continuation des hos-

(1) Registre des délibérations.

tilités portèrent le syndic du diocèse à exposer au Roi la triste situation des habitans et à solliciter un allégement à leurs charges publiques. Henri III accueillit cette supplique : par lettres patentes du 3 mars 1583, il destina les tailles, pendant dix ans, à l'entretien des garnisons et aux réparations des fortifications; mais la cour des aides, la chambre des comptes et les trésoriers de la province voulurent restreindre cette faveur. En entérinant les lettres royaux, ils réduisirent à la moitié l'exemption des tailles et à six ans la durée de l'exemption; ils ordonnèrent de plus le paiement intégral du taillon destiné au service des gens d'armes et le paiement des rentes établies sur les tailles s'élevant à quarante-sept écus. Mais le syndic en appela au Roi, qui, par autres lettres patentes du 18 juin 1585, ordonna que ses précédentes lettres seraient exécutées, avec cette modification néanmois que le taillon serait payé en entier, ainsi que les rentes établies sur les tailles; que les deux tiers des tailles serviraient à éteindre les dettes des villes de Limoux et d'Alet et celles du diocèse, et que le tiers restant serait destiné à l'entretien des garnisons et des fortifications, selon que le vicomte de Joyeuse, alors gouverneur de la province, le jugerait convenable (1).

Cependant les affaires des huguenots tendaient vers leur ruine : après avoir tenu Alet pendant plus de dix ans, ils furent surpris au mois d'août 1583 ; cinquante périrent, les autres prirent la fuite et se réfugièrent à Montréal ; en 1585, la province étant pacifiée, ils obtinrent du duc de Montmorenci d'être réintégrés dans leurs biens. Burette, un des secrétaires du duc, fut chargé de les conduire à Alet ; ils y furent reçus, le 27 de mars, sans opposition ; mais le lendemain les catholiques, s'étant réunis en armes, se jetèrent inopinément sur eux et les massacrèrent. Le capitaine Beulagne se défendit vainement dans sa maison, on y mit le feu et il y périt. Burette n'évita la mort qu'en signant le procès-verbal de sa commission tel qu'on le lui présenta, et qu'il désavoua dès qu'il fut en sûreté.

Au mois de mai 1586, le maréchal de Joyeuse, ayant pris par composition Bugarach, Campagne et Rouvenac, ne tint aucun compte de la convention et fit passer les garnisons par le fil de l'épée.

(1) Archives.

Mais Brugairolles, la place la plus importante, opposait de la résistance, et ceux qui l'occupaient, se livrant à de fréquentes sorties, fesaient beaucoup de mal au pays. Depuis longtemps les consuls pressaient le maréchal de Joyeuse d'en faire le siége; les consuls de Carcassonne et Philippe de Roux, juge-mage, les secondaient de leurs efforts, et le maréchal s'y trouvait disposé, possédant dans le diocèse des terres considérables en proie à la dévastation. Toutefois, occupé à poursuivre ailleurs les hérétiques, il différait sans cesse cette entreprise; ce ne fut que vers le mois de juin 1586 qu'on en fit le blocus. Le vicomte de Mirepoix occupa Caillau, les seigneurs de Pomas et d'Honous établirent leurs quartiers à Cambieure, Lauraguel et Malviés; mais ils manquaient d'artillerie, et leurs troupes même étaient insuffisantes. Le premier août les états de la province s'ouvrirent à Castelnaudary : Jean d'Argente, dédulé du diocèse, réclama de prompts secours; les états, d'abord disposés, opposèrent plus tard des difficultés; on comptait sur la protection du maréchal, mais, étant tombé dangereusement malade, cet espoir s'évanouissait; sa santé s'étant rétablie, le projet qu'il avait à cœur fut encore différé, obligé de tenir tête au duc de Montmorenci qui s'était jeté dans le parti du roi de Navarre. Une année s'écoula ainsi en vains efforts. Enfin, au mois de juillet 1587, Scipion de Joyeuse et le vicomte de Mirepoix reprirent le blocus. Dans le dessein de le faire lever, le duc de Montmorenci y dirigea ses troupes vers la fin d'octobre; arrêté dans sa marche par la rigueur de la saison, il ne put que confier un détachement aux capitaines Montgommery et Daudon. Ceux-ci forcèrent les retranchemens du blocus, tuèrent cinquante mineurs et introduisirent cent cinquante arquebusiers dans la place. Comme elle manquait de vivres, le gouverneur fit conduire en lieu de sûreté tous ceux qui étaient inutiles à la défense. Montgommery et Daudon attaquèrent de nouveau les assiégeans; n'ayant pu les déloger, ils se mirent à saccager les châteaux et les villages voisins. De leur côté, Scipion devenu duc de Joyeuse et le vicomte de Mirepoix pressèrent le siége; toutes les garnisons du diocèse furent appelées; Terrides y conduisit celle de Malves; le capitaine Felines amena quatre cents hommes; les garnisons de Lagrace et de Trèves s'y rendirent, et la ville de Carcassonne envoya deux cents hommes avec de l'artillerie. La circonvallation fut de nouveau fortifiée; l'eau fut coupée aux assiégés, qui, n'ayant d'autre ressource que celle d'un puits, furent atteints de la dissenterie. Enfin, cédant à tant de forces, Arnaud de Ferrier, sieur de Villa, gouverneur de la place, après avoir conclu une capitulation honorable, l'abandonna, le 21 de janvier 1588, au duc de Joyeuse, qui la livra aux flammes et en fit raser les murailles (1).

L'occupation de Brugairolles assura la tranquillité au pays, tandis que la province ne cessa d'être livrée à la guerre civile. Aussi, après la tenue des états généraux à Blois où Guise et la ligue se montrèrent tout puissans, le maréchal de Joyeuse convoqua, à Limoux, les états de la partie de la province qui lui était soumise; ils s'ouvrirent, le 7 de novembre 1588, dans le réfectoire des cordeliers. Le clergé était composé de l'évêque de Nîmes qui présida, des évêques de Lodève et de Mirepoix et des vicaires généraux de Nar-

(1) Hist. génér., t. v. = Voy. aux archives le registre des délibérations et la correspondance.

bonne, Toulouse, Carcassonne, St.-Papoul, Lavaur, Rieux et Alet. Dans la noblesse on ne comptait que le sieur de Lavelanet, envoyé du comte de Mirepoix son père, les envoyés du vicomte de Polignac, des barons d'Arques et d'Ambres; quant au tiers état, les députés des villes opposées à la ligue n'y parurent pas. L'assemblée fut d'avis de remercier le Roi de l'édit relatif à l'extirpation de l'hérésie, et de le supplier: 1.° d'envoyer une armée dans la province pour réduire les rebelles; 2.° d'interdire tout office aux fauteurs d'hérésie, et 3.° de conserver le gouvernement de la province au maréchal Joyeuse, prenant du reste la résolution, dans le cas qu'il passât au duc de Montmorenci, de s'opposer à l'enregistrement de ses lettres (1).

La ville de Limoux, sous l'influence du maréchal, était dévouée à la ligue; aussi lorsque le Roi, que l'assassinat du président Duranti avait indigné contre la ville de Toulouse, eut transféré le parlement à Carcassonne demeurée fidèle, le parlement, désobéissant à ses ordres, transféra le présidial de Carcassonne à Limoux;

(1) Hist. génér., t. v, pag. 425.

il y siégea jusqu'en 1590, époque à laquelle il fut établi dans la cité de Carcassonne, dont le maréchal s'était rendu maître (1).

Depuis, il ne se passa rien de remarquable, si ce n'est la mort du maréchal de Joyeuse. Guillaume II, vicomte de Joyeuse, descendait en ligne directe de Bernard de Joyeuse, qui florissait au commencement du quatorzième siècle. Destiné de bonne heure à l'église, il fut élu évêque d'Alet, avant même d'être lié aux ordres sacrés; mais après la mort de Jean-Paul de Joyeuse, son frère aîné, il se livra par goût à la noble profession des armes et fut chargé de conserver et de transmettre à des descendans la gloire de ses ancêtres. Il acquit, par son père Jean de Joyeuse, la vicomté de Joyeuse, qui fut érigée dans la suite en duché-pairie; et, par sa mère Jeanne de Voisins, la baronnie d'Arques qui donnait séance aux états de la province, les seigneuries de Puivert et de la Tour de Fenouillèdes, ainsi que la majeure partie des domaines qui avaient été assignés en 1231 à Pierre de Voisins, sénéchal de Simon de Mont-

(1) Archiv., répertoire des titres. = Bouges, p. 391.

fort, notamment le château de Couiza, dont on admire encore la belle et solide structure.

Il épousa Marie de Batarnai, et donna le jour à sept enfans mâles, qui s'élevèrent la plupart aux plus hauts dégrés d'illustration; mais lui-même ne fut point inférieur à leur renommée. Écrire sa vie serait rappeler tous les évènemens contemporains de la province : lieutenant-général et plus tard gouverneur de Languedoc, chevalier des ordres du Roi et maréchal de France, il consacra sa vie, durant quinze années de guerre civile, à appaiser les séditions dans les villes, à combattre les religionnaires, à faire régner l'ordre dans la province.

Il se plaisait singulièrement dans la ville de Limoux; ce fut là qu'il voulut mourir. Le 12 août 1591, il y vint séjourner, alors que la peste exerçait ses ravages; vainement on le pressa d'éviter des dangers imminens; victime de son obstination, il expira, fort avancé en âge, le 24 de janvier de l'année 1592, vers les onze heures du soir. Le lendemain, après les cérémonies de l'absoute, son corps fut embaumé, et ses entrailles, renfermées dans un vase précieux, furent portées dans l'église des cordeliers, qu'il avait choisie pour recevoir sa dépouille mortelle. Revêtu d'une tunique de velours noir, portant le collier de l'ordre, l'épée au côté et ayant le visage découvert, il demeura exposé aux regards du peuple dans une des salles de l'officialité. Le lundi, 27 de janvier, des soldats de sa garde le portèrent fort honorablement dans l'église des cordeliers, accompagnés des magistrats, des consuls, de ses officiers et des plus apparens de la ville; il y fut déposé dans le sanctuaire, où l'on avait dressé une chapelle ardente de deux cent cinquante brandons. Ce ne fut que quelques jours après qu'eut lieu la sépulture; le siége archiépiscopal étant vacant, Messire Bernard de Hautpoul, grand archidiacre et vicaire-général du diocèse de Narbonne, célébra avec la plus grande pompe cette dernière cérémonie; toutes les villes de la province avaient été invitées; parmi les assistans on remarquait les présidens St.-Jean et Barthélemy et les conseillers St.-Félix et Seignères, qui représentaient le parlement, et les capitouls Rabou et Lafont, ainsi que Salluste et Vigneau, bourgeois de la ville de Toulouse. Le corps fut déposé dans un tombeau de cette église, à la gauche du sanctuaire; il a été violé et détruit, avec la destruction du monastère, en 1793 (1).

Le duc de Joyeuse, fils du maréchal et devenu gouverneur de la province, périt aussi, peu de temps après, au siége de Villemur; contraint de prendre la fuite, il se noya dans le Tarn qu'il voulait traverser à la nage; ses obsèques eurent lieu à Toulouse.

Ainsi, la perte de ces deux membres de la famille la plus puissante de notre pays, y fut le dernier évènement de cette époque. Trois ans s'écoulèrent dans le calme: le 15 novembre 1595, on fit dans la ville la publication de la trève générale, et l'année suivante, Limoux, avec toutes les villes de Languedoc, renonça à la ligue et se soumit au roi Henri IV, qui devait, par un règne de quelques années, faire oublier tant de maux.

(1) Arch., regis. des délibérations. = Lafaille, annales de Toulouse, t. II, pag. 455.

CHAPITRE VII.

De la Peste. = De l'érection de la Sénéchaussée. = De divers Établissemens. = De l'altération des Institutions municipales. = De l'Industrie de la Ville. = Des Assemblées électorales en 1789.

Si depuis deux siècles cette contrée n'a point éprouvé les effets désolans des maladies contagieuses, il n'en fut pas ainsi dans les temps qui les précédèrent. On a vu que la peste désola l'Europe vers le milieu du quatorzième siècle ; depuis, elle se maintint dans la province et affligea notre ville à plusieurs reprises. Dans ces temps malheureux, les peuples, privés des secours de l'art, mais animés de sentimens plus religieux, eurent recours dans leurs afflictions à la miséricorde divine. Ainsi nous apprenons que, le 24 décembre de l'année 1501, les habitans de Limoux, en proie à la contagion, firent une procession générale : portant l'image de Notre-Dame du Rosaire, ils allèrent à Carcassonne faire leur dévotion devant la chapelle de la Vierge; ils y furent très-bien accueillis des consuls et de la bourgeoisie (1). Ce fléau reparut en 1521 et notamment en 1557. Le 21 novembre de cette année les bourgeois de la Petite-Ville offrirent à la Vierge du Rosaire une ville de cire, assistèrent à une procession et firent le vœu de renouveler annuellement cette cérémonie (2). Le 4 janvier de l'année suivante, comme les principaux habitans s'étaient retirés à la campagne, l'élection consulaire eut lieu, au village de Marlas, en vertu d'un arrêt du parlement (3). Enfin, en 1591, la mortalité fut

(1) Hist. de Carcassonne par le père Bouges, p. 289. = Registre de la confrérie du St.-Rosaire, p. 509.

(2) Registre de la confrérie du St.-Rosaire, p. 509. = Délibérat. du conseil de la ville du 29 juin 1774.

(3) Délibération du 2 janvier 1558.

telle, que tous les habitans de la grande et de la petite ville assistèrent, le 21 novembre, à une procession générale, se tenant à une certaine distance l'un de l'autre de crainte de communiquer ou de recevoir la maladie, et firent le voeu de célébrer, comme un jour de solennité, cet anniversaire à perpétuité (1); usage qui s'est conservé et se pratique de nos jours, quoique le zèle de nos pères se soit sensiblement refroidi.

Mais, dans des temps plus récens, la peste plongea la ville dans le deuil : ce fut en 1628 qu'on apprit qu'elle avait pénétré dans Lyon et Toulouse. Pour s'en garantir, le conseil fut d'avis de réparer les murailles, de placer des barrières aux portes et de soumettre à une quarantaine les personnes et les marchandises; le portier-général recevait seul les dépêches et les missives, et n'en fesait la distribution qu'après les avoir purifiées; on instruisit les lieux voisins de ces mesures, et six intendans, un de chaque quartier, choisis par les consuls et renouvelés tous les mois, furent chargés de les faire exécuter. Sur ces entrefaites, une com-

(1) Registre de la confrérie du St.-Rosaire, p. 509.

pagnie de chevau-légers du duc de Montmorenci, sous les ordres du sieur de Salvignac, demanda d'être reçue dans les murs; les consuls ayant refusé d'ouvrir les portes, le sieur de Salvignac menaçait de ravager la campagne et d'appeler d'autres troupes pour forcer l'entrée, lorsque le baron d'Honous, s'étant rendu auprès de lui, l'engagea moyennant cinquante pistoles à se retirer. L'hiver fit cesser la mortalité; elle reprit son intensité à la belle saison. Le trente de juin 1629, le sieur de Villemartin vint rapporter aux barrières, qu'un de ses valets, arrivant de Toulouse, était mort dans son moulin, de la maladie contagieuse. Les consuls sur cet avis, ayant immédiatement convoqué le conseil, proposèrent d'établir un comité de salubrité « étant fatigués, disaient-ils, » depuis long-temps, à cause des continuelles » alarmes et des nouvelles fréquentes de l'ap» proche de la maladie ». Monsieur de Villemartin fut prié de mettre le feu à son moulin; les mesures, adoptées l'année précédente, furent sévèrement exécutées, et par là, la ville parvint à se préserver de la contagion. Il en fut de même l'année suivante; mais en 1631, elle exerça toute sa fureur; c'était au point qu'on n'osait plus s'approcher ; les notaires, appelés à retenir les testamens, se donnaient bien de garde de pénétrer dans l'intérieur des habitations ; le malade quittant son lit se montrait à la fenêtre pour dicter ses dernières volontés, et le notaire dressait l'acte dans la rue, sans pouvoir même se faire assister de témoins. On contraignit les pestiférés à se retirer sous des tentes dans la campagne et à abandonner ainsi leurs familles. Mais tant de précautions furent inutiles : durant les mois de juillet, août, septembre et octobre, la mort atteignit trois mille trois cents personnes (1).

Toutefois ce cruel fléau n'amortit pas les dissensions suscitées par le premier magistrat de la ville ; elles devaient porter atteinte aux institutions municipales et relever l'administration de la justice. Il serait oiseux de donner la nomenclature de tous les officiers de justice qui ont occupé les charges de la viguerie ; je me plais seulement à rappeler la mémoire de Pierre

(1) Voy. le registre des délibérations. = Les archives des notaires. = Le Registre de la confrérie du Rosaire, pag. 509. = Un tableau, à l'église de la Petite-Ville, et une délibération du 29 juin 1774.

de Malhaurens, seigneur de Caillau, qui fut viguier durant quarante-neuf ans : ce magistrat, homme de bien, porté dans les temps de troubles religieux à la paix et à la concorde, s'attira, par la douceur de ses moeurs et par de longs services, la vénération de ses justiciables; il mourut, à l'âge de quatre-vingts ans, le 14 de novembre 1595, la veille de la publication de la trève générale. Au commencement du dix-septième siècle, Samuel d'Azam et Jacques d'Azam son frère, exercèrent successivement l'office de viguier. Leur père, Jean d'Azam, imbu des doctrines de Calvin, avait puissamment contribué à l'occupation de la ville par les huguenots. Jacques d'Azam annonça bientôt, dans l'exercice de ses fonctions, un caractère impérieux : à raison de quelques prérogatives, il souleva contre Mercadier, son lieutenant, une contestation qui, portée au parlement, donna lieu à un arrêt de réglement; mais cela n'était d'aucune importance; il chercha à usurper la police et l'administration de la ville, qui de tout temps avaient été attribuées aux consuls. Sa famille comptait plusieurs membres riches et puissans; avec leur secours il parvint à gagner les suffrages dans les élections consulaires, à se rendre maître, durant longues années, de l'esprit des consuls et des membres du conseil, et à disposer de tous les offices en faveur de ses partisans. Une circonstance, qu'il provoqua lui-même, mit un terme à son influence : la ville soutenait un procès devant la cour des aides, lorsque le viguier, d'intelligence avec deux des consuls, intervint et obtint, le 23 novembre 1627, un arrêt qui défendait aux consuls de passer, sans son approbation, les baux des biens et revenus communaux; et au conseil, d'allouer des fonds pour frais de garde ou pour réparations des fortifications. Cette décision, subversive des usages et des priviléges, mit le comble à l'indisposition générale. On résolut de détruire le pouvoir tyrannique du viguier; des assemblées, composées de la majeure partie des habitans, se tinrent à cet effet; vainement le viguier, escorté de ses sergens en armes, s'y présenta pour les dissiper; il y fut décidé qu'on se pourvoirait au parlement pour supplier la cour de commettre un de ses membres, afin de venir présider et de rendre libres les prochaines élections consulaires. Messire Pons de Calmets, conseiller, fut chargé par la cour de cette commission, et les élections, qui eurent lieu le 8 de janvier, appelèrent aux charges municipales des citoyens indépendans.

Ce fut alors que Jacques d'Azam, excité par la vengeance, se livra à des vexations de tout genre : dans l'instruction des affaires criminelles, deux *au moins* des consuls avaient droit d'assistance; trois consuls s'étant présentés dans une affaire de cette nature, le viguier contraignit l'un d'eux de se retirer. Cette année, la peste désolait la province et ajoutait au fléau de la guerre civile; dans le deuil général, à l'instar des villes voisines, toutes réjouissances étaient défendues; tandis que les jeunes gens, ne tenant aucun compte de ces prohibitions, se livraient à des danses, les consuls voulurent faire respecter leur arrêté; tout-à-coup apparut le viguier, suivi de ses partisans, prétendant qu'à lui seul appartenait la police de la ville, et autorisant ce que les consuls se permettaient de défendre. Une lutte s'engagea; les consuls furent insultés par la populace, et le viguier, oubliant la dignité de son rang, porta même la main sur eux. Ce n'est pas tout encore, l'assiette du diocèse tenait annuellement ses séances dans la ville; par suite des mesures sanitaires, tandis que les portes demeuraient fermées, trois s'ouvraient momentanément pour introduire les députés. Cependant le viguier, ayant prétendu que l'entrée n'était pas libre, parvint, par ses démarches, à faire transférer cette assemblée dans la ville d'Alet. A l'aide de moyens artificieux, il obtint du duc de Montmorenci, gouverneur de la province, la police et le gouvernement de la ville, et enfin, ajoutant sans cesse à ses prétentions, il demanda au parlement l'abolition des plus précieuses franchises et prérogatives.

On ne saurait croire avec quels efforts les consuls et les habitans se défendaient contre ces attaques. Leurs délibérations et leurs actes montrent jusqu'à quel point ils tenaient à leurs institutions. Ce fut au mois de juillet 1631, à cette époque où ils étaient en proie à toutes les horreurs de la contagion, que la cour, appelée à vider les différents soulevés par les deux parties, rendit un arrêt favorable au viguier. Au mépris de titres authentiques, que des lettres royaux avaient maintes fois confirmés, il fut réglé que le gouvernement de la ville lui serait confié, que les consuls ne connaîtraient plus des servitudes réelles et personnelles; que deux consuls seulement assisteraient aux informations des affaires criminelles; que le conseil ne pourrait disposer des fonds communaux qu'avec l'autorisation du viguier, et qu'enfin celui-ci jouirait de divers droits honorifiques.

Il est vrai que la plupart de ces dispositions reposaient sur les lois de l'époque ; mais celle qui touchait le gouvernement de la ville portait atteinte au plus précieux de ses priviléges. Aussi les consuls, ayant convoqué les habitans et pris leur avis en assemblée générale, se hâtèrent de s'adresser au Roi, qui commit le duc de Montmorenci pour statuer sur leurs plaintes. Mais déjà ce haut personnage, dévoué au parti du duc d'Orléans, méditait de lever l'étendard de la révolte; comptant de se rendre maître de la ville par l'entremise du viguier, il lui conserva le gouvernement. En ce temps, Jacques d'Azam avait la charge de secrétaire aux états; de concert avec les partisans du duc de Montmorenci, il signa, à la séance du 22 juillet 1632, une délibération séditieuse contre l'autorité royale; mais les consuls demeurèrent fidèles, et lorsque le viguier voulut rentrer dans la ville, ils lui fermèrent les portes et se prémunirent contre ses tentatives criminelles. Peu de jours après, Montmorenci prit les armes. Le sieur de Carlencas, commissaire du Roi, s'étant transporté à Limoux, reçut des consuls le serment de vivre et mourir pour le Roi. On se hâta de réparer les murailles; et, comme la peste avait enlevé la majeure partie des habitans, le maréchal de Schomberg autorisa les consuls à faire une levée de deux cents hommes.

On connaît le sort du duc de Montmorenci : fait prisonnier à Castelnaudary, il périt victime de sa rebellion. Plusieurs villes avaient suivi son parti. Limoux, par sa fidélité, parvint à obtenir du Roi que ses consuls fussent réintégrés définitivement dans l'exercice de l'administration qu'ils avaient si instamment réclamée.

Depuis cette époque, il n'est plus fait mention de Jacques d'Azam. Soit qu'il demeurât proscrit, soit qu'il eût cessé de vivre, son fils Jean d'Azam occupait la charge de viguier. Mais la bonne harmonie ne pouvait plus régner entre ce fonctionnaire et les consuls, et bientôt l'occasion se présenta pour faire disparaître et la viguerie et ses officiers.

Louis XIII fesait la conquête du Roussillon. Durant cette guerre, la ville rendit des services signalés à l'armée, en l'approvisionnant de vivres. Le Roi en témoigna toute sa gratitude et manifesta le desir de récompenser une telle conduite. Le moment était favorable : sur la supplique qui lui fut adressée, appuyée de la protection de Claude de Rébé, archevêque de Narbonne, et de celle de Jean de Levis, marquis de Mirepoix, le Roi, par lettres patentes, données à Montpellier au mois de juin 1642, établit à Limoux un sénéchal et un siége présidial. L'édit portait que le siége serait occupé par un président, un juge-mage lieutenant-général, un juge criminel, un lieutenant principal, un lieutenant particulier, quatorze conseillers, deux avocats et un procureur du roi; il donnait à la juridiction une grande étendue : au levant, la sénéchaussée touchait à la méditerranée; elle était bornée au midi par le Roussillon et les Pyrénées; au couchant, par le comté de Foix; renfermant dans ses limites les diocèses d'Alet et de Mirepoix, une partie des diocèses de St.-Papoul et de Carcassonne, et la majeure partie de celui de Narbonne.

Une telle innovation devait froisser bien des intérêts : le présidial de Carcassonne éleva des réclamations ; il fut secondé par le parlement, qui refusa d'enregistrer l'édit. Même un des syndics généraux de la province, frère du juge-mage de Carcassonne, surprit aux états une délibération, qui donna lieu à une déclaration du Roi, portant suppression de la sénéchaussée. La mort de Louis XIII et la minorité de son successeur semblaient assurer ce triomphe. Mais l'utilité d'une sénéchaussée dans un pays aussi étendu était démontrée, et la faveur de l'archevêque était bien propre à la faire reconnaître. On se pourvut en opposition ; la déclaration du Roi fut rapportée, et enfin la Reine mère, régente du royaume, commit, le 17 février 1644, le sieur de Bousquet, conseiller d'état, pour aller procéder à l'installation des officiers de justice. Cette cérémonie n'eut lieu que le 10 de juin suivant. Jean de Levis, marquis de Mirepoix, obtint la charge de sénéchal, et Charles de Saptes prêta serment en qualité de juge-mage. Il est à remarquer que ni l'ancien viguier, ni ses lieutenans, ne furent pourvus des nouvelles charges. Le présidial de Carcassonne souleva de nouvelles difficultés ; le parlement continua de méconnaître l'édit et de considérer Jean d'Azam comme viguier; mais, enfin, celui-ci ayant été reçu conseiller au présidial, la ville jouit paisiblement d'une institution qui devait être son ornement et une des principales sources de son aisance (1).

La munificence royale avait droit à la reconnaissance. Aussi, durant les troubles de la fronde, les habitans de Limoux demeurèrent dévoués au service du Roi; c'est ce qui porta Louis XIV à leur adresser la lettre suivante, qui fut livrée à l'impression pour conserver le souvenir de cette marque de gratitude.

» A nos chers et bien amez, les consuls et » habitans de Limoux.

» Chers et bien amez, nous avons ci-devant » reçu des preuves si particulières de votre » affection à notre service, que nous n'avons » pas doute que dans les occurences présentes, » vous ne nous en rendissiez de nouveaux té- » moignages; et comme nous avons su ce que

(1) Arch. du Palais et de l'Hôtel de Ville. = Voy. sur cette matière les délibérations du conseil, diverses pièces détachées de cette époque, et notamment l'arrêt du parlement du mois de juillet 1631.

» vous avez fait depuis peu pour le bien
» de notre service, et la résolution que vous
» avez prise de résister contre ceux qui trou-
» blent le repos de cet état, nous vous avons
» voulu faire cette lettre, pour vous faire con-
» naître notre satisfaction qui nous demeure
» de votre conduite, et vous exhorter de con-
» tinuer à nous donner des marques de votre
» fidélité dans toutes les occasions qui se pré-
» senteront, vous assurant que les services
» que vous nous rendez nous seront en par-
» ticulière recommandation, et que nous vous
» en conserverons la mémoire pour vous en
» reconnaître par les efforts de notre bienveil-
» lance, quand il s'en offrira sujet. N'y faites
» donc faute, car tel est notre plaisir. Donné à
» Blois, le dix-neuvième jour de mars mille
» six cent cinquante-deux (1).

Il faut fixer à cette époque l'origine de plusieurs établissemens dans notre ville. Alors l'instruction publique n'excitait point, comme aujourd'hui, la sollicitude du gouvernement; alors un régent, rétribué par la ville, était seul chargé de l'éducation de la jeunesse. On sentit

---

(1) Archives.

la nécessité de satisfaire aux besoins de l'époque. Déjà, en 1608, le cardinal de Joyeuse, avait résolu d'établir à Limoux un collége de jésuites. Ce prélat s'était adressé au général des pères jésuites du collége de Toulouse et avait offert, au nom et à la sollicitation des consuls, deux mille cinq cents livres de revenu pour l'entretien des professeurs (1). J'ignore les motifs qui rendirent ces tentatives infructueuses. Ce ne fut qu'en 1640 que Claude de Rébé, archevêque de Narbonne, détacha du collége des doctrinaires de Narbonne plusieurs membres de cette compagnie pour les établir à Limoux; ils y prospérèrent au gré de ses espérances. Aussi, dans le but d'affermir leur établissement, Claude de Rébé leur fit don, le 20 août 1646, d'un vaste emplacement situé vis-à-vis l'hôtel de l'Officialité, sur lequel ils se proposèrent d'édifier leur collége. Il fut commencé dès cette même année, agrandi au moyen d'un autre corps de logis acquis en 1655 et terminé l'année suivante. Les pères doctrinaires, qui l'ont dirigé jusqu'à la révolution, étaient au

(1) Lettre du cardinal de Joyeuse du 16 novembre 1608. = Registre des délibérations.

nombre de six professeurs, qui jouissaient, pour leur entretien, de sommes accordées par la ville et le diocèse, ainsi que des revenus de divers immeubles et de l'église de Notre-Dame-de-Marceille (1).

C'est encore le même archevêque qui créa à Limoux un bureau de charité, sous la direction des dames les plus respectables (2).

Quelques années après, on s'occupa de fonder l'hôpital général. On a vu que l'hôpital Notre-Dame occupait ces maisons situées au septentrion de l'église de St.-Martin. Le compois de 1547 en détermine l'étendue, et les archives renferment les inventaires de ses meubles. Il était administré par six bailes, un de chaque quartier, renouvelés annuellement par le conseil de la ville. En 1674, le Roi créa un hôpital général pour y recevoir les pauvres du Rasez; mais la ville fut dans l'impossibilité de pourvoir aux premiers frais d'établissement, à cause des désastres éprouvés l'année précédente. Une inondation de l'Aude avait, au mois de février, causé la ruine d'un grand nombre

(1) Acte du 20 août 1616. Ms.

(2) Archives du bureau de Bienfaisance.

de maisons. Au mois de juin suivant, une grêle générale avait détruit les récoltes, et, dans la nuit du 21 du même mois, vingt-six maisons, situées au quartier de l'église, donnant sur la place publique, étaient devenues la proie des flammes. Les consuls supplièrent le Roi de suspendre l'effet de son édit; il ne reçut son exécution qu'en 1678. Les hôpitaux de Limoux, de son district et du pays de Termenez furent réunis, avec leurs revenus, à l'hôpital général; on n'y recevait que les pauvres valides et les enfans que l'on employait à des travaux lucratifs. La direction en était confiée à des administrateurs à vie, qui avaient droit d'infliger des peines disciplinaires. Quant aux pauvres malades, une maison, dirigée par les dames hospitalières, leur était destinée. Elle a été supprimée à la révolution (1).

Tandis que la ville était ainsi dotée de tous ces établissemens utiles, son état matériel réclamait des améliorations. Un évènement déplorable vint avertir l'administration sur cet objet important : les maisons, alors construites en torchis, formaient des avancemens sur la voie

(1) Archives.

publique, et ces constructions, déplaisantes à la vue et contraires à la salubrité, facilitaient et propageaient les incendies. Celui du mois de septembre 1685 fut des plus désastreux; il éclata le 15 à la Trinité, et consuma, en trois jours, cent vingt-six maisons, ainsi que les couvens des Trinitaires et des Augustins (1). On songea sérieusement à prévenir de si grandes calamités : le conseil délibéra qu'à l'avenir les maisons seraient construites et réparées en maçonnerie, sans torchis et sans avancement; et ce réglement, confirmé plus tard par arrêt du parlement, a changé, après un siècle, l'aspect de la ville. Alors il n'existait sur la place publique et dans les rues que des puits, lesquels, suffisans pour les besoins ordinaires, étaient d'un faible secours contre les incendies. Afin d'avoir sous la main les eaux nécessaires, on éleva sur la place publique, en 1688, une fontaine où les eaux de St.-André, amenées par un aqueduc, furent retenues dans un vaste bassin.

Si la ville éprouvait ainsi les bienfaits de la

---

(1) Voy. le tableau qui représente cet évènement, à l'église de Notre-Dame-de-Marceille.

civilisation, elle perdait ses institutions municipales. A ces droits, acquis par tant de sacrifices, confirmés si souvent par le souverain, et exercés depuis plusieurs siècles, on substitua des réglemens éphémères qui devaient n'engendrer que de la confusion. L'exposé de ces changemens, quoique peu digne d'intérêt, est bien propre à caractériser cette époque ; je ne puis m'empêcher de m'en occuper.

On a vu qu'au quatorzième siècle les six consuls, exerçant des pouvoirs égaux, ne jouissaient entr'eux d'aucune prérogative. Cela changea dans le courant du seizième siècle : un arrêt du parlement, de l'année 1529, disposa que le consulat serait composé d'un clerc, de deux bourgeois, de deux marchands et d'un artisan ou laboureur ; et, par un autre arrêt de l'année 1592, il fut réglé que les électeurs fixeraient eux-mêmes les rangs des consuls. Tel était cependant l'état des choses, que, jusqu'au règne de Louis XIV, les consuls et les membres du conseil furent, comme par le passé, renouvelés annuellement par voie d'élection. La puissance absolue de ce prince porta un grand coup à l'administration municipale. Les subsides de la France ne pouvant suffire à la magnificence royale, la vénalité des charges municipales offrit une ressource, et on ne balança pas à les sacrifier. L'édit du mois d'août 1692 établit en charges d'office des maires perpétuels et des assesseurs des maires; l'édit de 1702 ajouta des offices de lieutenans des maires, et l'édit de 1706 des offices de maires et de lieutenans alternatifs et mi-triennaux. A ces édits bursaux en succédèrent une foule d'autres, portant tour à tour rétablissement du droit d'élection et création des offices. Enfin, en 1764 et 1765, les offices de maires, consuls, officiers municipaux furent supprimés, et l'élection rendue à ces charges fut réglée, touchant la province de Languedoc, par un édit du mois de mai 1766.

Ce dernier édit fit naître dans la ville de nombreuses contestations. Sous le régime des maires, le conseil avait lui-même modifié les anciens usages. Ainsi, par une délibération du 8 juillet 1705, il avait réduit à quatre le nombre des consuls, et en avait attribué l'élection aux membres du conseil. Quoique la charge de premier consul eut été de tout temps affectée aux gradués, vu leur petit nombre, on avait jugé convenable d'y appeler des nobles taillables; et enfin, parce que le corps des marchands avait acquis de l'importance, il avait été réglé que tantôt les gradués et les nobles auraient droit au premier chaperon, et tantôt les marchands et les bourgeois qui avaient déjà rempli la charge de second consul. L'édit de 1766 ne portait aucune atteinte à ces réglemens; mais, prenant les conseillers et les électeurs dans les diverses classes d'habitans, son exécution présentait de grandes difficultés.

On convint d'abord de fixer à douze le nombre des conseillers; mais, des débats s'étant élevés sur leurs rangs et préséances, il fallut se pourvoir au parlement, qui rendit, le 7 juillet 1766, un arrêt de réglement, dont voici la substance : A l'avenir le conseil politique, réduit à douze membres, sera composé d'un noble, de deux avocats, ou bien d'un avocat et d'un médecin, d'un bourgeois vivant noblement, ou d'un commerçant en gros, et de deux marchands fabricans; les six membres restant seront pris, savoir : trois parmi les procureurs, les notaires et les marchands détailleurs, et les trois derniers dans les autres classes. Cette disposition devait servir de base à tout le système municipal. Le conseil se renouvellera lui-même annuellement; mais pour élire les consuls il se renforcera d'un nombre de membres égal à celui dont se compose le conseil et pris des mêmes classes. Ainsi formé, le corps des électeurs nommera par scrutin les quatre consuls : le premier sera choisi dans les classes et sous les conditions portées dans la délibération de 1705; le second consul, parmi les bourgeois vivant noblement et les marchands fabricans; le troisième consul, parmi les notaires, les procureurs et les marchands en détail; et enfin, le quatrième consul, parmi tous les autres contribuables.

Ce système appelait à l'administration toutes les classes; mais il était trop compliqué, et d'ailleurs ces distinctions et préséances, en éveillant les susceptibilités, devaient entretenir la mésintelligence. Or, voici ce qui en arriva: Le 25 juillet 1766, comme on procédait au renouvellement du conseil ordinaire, les quatre consuls voulurent voter par tête; mais, sur la réquisition du sieur Bompierre, procureur du roi en la sénéchaussée, il fut déclaré par le juge-mage, président de l'assemblée, qu'ils ne formeraient tous ensemble qu'une voix. Les membres du conseil ayant été nommés, les consuls prétendirent alors que cinq d'entr'eux n'avaient point les qualités requises; mais le juge-mage ne s'arrêta pas à leur dire, et renvoya au lendemain la formation du conseil renforcé et l'élection des consuls.

Cependant les consuls, blessés de l'injustice commise à leur égard, s'emparèrent des clefs des archives, poursuivirent devant le sénéchal l'annulation de la délibération prise la veille, et ne parurent pas à la séance indiquée; et, comme le juge-mage, ne tenant aucun compte de leurs actes et de leurs réclamations, fit procéder à l'élection des consuls. Les consuls en charge s'adressèrent au parlement, et la cour, par arrêt du 11 septembre 1767, reconnut leur droit individuel de voter et cassa les élections.

Il fallut procéder à de nouvelles élections. Après quelques débats, les consuls furent définitivement élus, et depuis tout paraissait oublié, lorsque, sur les démarches secrètes du procureur du roi, que l'arrêt du parlement avait mortifié, le Roi, par lettres patentes du 10 juin 1768, élimina du premier chaperon les bourgeois vivant noblement, établit un réglement à raison des difficultés survenues, et nomma pour l'année 1769, et sans tirer à conséquence, les consuls ainsi que les membres du conseil ordinaire et du conseil renforcé. Ces lettres durent causer une grande surprise. On se hâta de demander au parlement d'en suspendre l'enregistrement, afin d'en obtenir plus tard la révocation; mais la cour, pressée par des lettres de cachet, commit un de ses membres pour aller installer les officiers, ce qui se fit sans obstacle au mois de décembre 1768. Comme on le voit, on était alors sous le règne du bon plaisir.

Tant d'efforts et de tracasseries devaient demeurer sans résultat. L'édit du mois de novembre 1771, renversant tout ce qui avait été récemment établi, créa en titres d'office, dans chaque ville du royaume, un maire, un lieutenant de maire, des consuls et des conseillers. Un sieur Belmont, de Montpellier, acquit la charge de maire de Limoux. Cet étranger ne fit pas un seul acte d'apparition; ses fonctions furent remplies par le premier consul élu, à défaut de consuls titulaires; mais, enfin, des lettres patentes du Roi, du 27 octobre 1774, autorisèrent les communes à racheter les charges municipales, et firent revivre les anciens usages; toutefois avec cette modification que le premier consul, ayant titre de maire, en exercerait les fonctions durant quatre années consécutives.

Sous l'empire de ces dispositions, le sieur Belmont fut remboursé, et les élections eurent lieu les 10 et 11 août 1775. M. Raymond Ribes, avocat, fut nommé premier consul. Ce citoyen honorable, doué d'une haute capacité, apporta pour le bien public un zèle jusqu'alors inconnu. Il obtint, du conseil de la ville et des états de la province, l'établissement d'une subvention, à l'aide de laquelle on termina les promenades publiques commencées en 1688; on répara le palais de justice, l'hôtel de ville et la flèche du clocher de St.-Martin, qui avait été frappée de la foudre, et on éleva, en forme d'arc de triomphe, la porte de la Trinité, aujourd'hui le plus remarquable de nos édifices (1)

(1) On lit dans la délibération du 28 janvier 1779 : » M.e Ribes, avocat et syndic a dit, que MM. les administrateurs et autres personnes notables de cette communauté, ont observé au sujet de la porte de la Trinité, » que cette ville fait reconstruire, qu'il serait convenable de placer au-dessus du ceintre extérieur les armes

Mais l'industrie de la ville était son plus bel ornement. Déjà, dans le commencement du seizième siècle, elle avait acquis un haut degré d'activité : on fabriquait alors des draps, façon de *serges* et de fins estamets, au nombre de huit à neuf mille pièces, qui trouvaient principalement leurs débouchés en Espagne. La ville en aurait recueilli de grandes richesses, si les troubles religieux n'eussent arrêté cet essor. Dans ce temps d'impunité, les fraudes et les abus se multiplièrent au point, qu'il fallut faire revivre d'anciens réglemens et établir des auneurs, des marqueurs et des visiteurs. Sous le règne de Louis XIII, la draperie reprit son éclat : en 1627, on comptait de vingt à vingt-cinq fabricans; alors des relations importantes étaient établies avec la place de Lyon, et il paraît que

---

» de la couronne, comme un hommage de fidélité au Roi » notre très-honoré seigneur, et les armes de la ville au- » dessus du ceintre intérieur, pour indiquer qu'elle a fait » construire cette porte à ses frais ». Ces ornemens en marbre blanc, furent en effet placés peu de temps après, mais ils disparurent à la révolution.

M.e Ribes, membre de l'assemblée législative, fit publier, en 1800, des mémoires sous ce titre : L'École des Factieux, des Peuples et des Rois.

c'est dès cette époque qu'on fréquenta la foire de Baucaire. L'institution des bailes ou jurés-gardes et la juridiction consulaire, concernant les manufactures, donnèrent une impulsion nouvelle. Au commencement du dix-huitième siècle, la ville de Limoux, à l'exemple de celle de Carcassonne, tenta de faire des expéditions pour le Levant. Elle fabriqua à cet effet des londrins larges de si belle qualité, qu'en exécution de l'arrêt du conseil du premier février 1727, les intendans les donnèrent pour modèles aux fabricans de Languedoc, de Provence et de Dauphiné; mais les profits ne répondirent pas aux espérances, et il fallut revenir aux anciennes relations. On dit qu'en 1778 on confectionna jusqu'à deux cent vingt mille aunes, et que, dans les dix années suivantes, la fabrication diminua sensiblement et fut moins perfectionnée. Quoiqu'il en soit, voici quel était son état, en 1787, époque à laquelle la population de la ville s'élevait à six mille cinq cents habitans : la vente des laines et la main d'œuvre fesaient circuler annuellement environ quatorze cent mille livres. On fabriquait quatre espèces de draps savoir : des *vingt-quatrins, façon de hollande*, à cinq quarts d'aune de l'arge, *des vingt-deuxains montagnes* de même largeur, *des seizains* à une aune de large, et quelques *londrins seconds*; année commune, la quantité s'en élevait à six mille demi-pièces de vingt aunes chacune. On avait abandonné les expéditions dans le Levant; quelques royales avaient été envoyées aux États-Unis d'Amérique; mais la presque totalité des marchandises s'écoulait dans l'intérieur, en Espagne et en Italie (1).

Cependant de grands évènemens se préparaient dans le royaume : une révolution sanglante, en détruisant les abus devenus intolérables, devait effectuer un nouvel ordre de choses. Le Roi, ayant convoqué les états généraux, établit, sur la base la plus large, l'élection des représentans du tiers état. En vertu de l'ordonnance royale, du 14 janvier 1789, les diverses corporations formèrent, dans les premiers jours de mars, autant d'assemblées par-

(1) Voyez Lapopelinière liv. 8. = Statistique du département de l'Aude, par M. de Barante. = Statistique du département, par M. Trouvé; et aux archives: la transaction de l'année 1627, la délibération de 1628, et les réponses des consuls aux questions adressées par le subdélégué de l'intendance, du mois d'août 1788.

ticulières. Ainsi, les officiers du présidial, les avocats, les médecins, les fabricans de draps, les bourgeois, ceux qui ne fesaient partie d'aucune corporation, les procureurs, les notaires, les détailleurs, les marchands droguistes, les chirurgiens, les apothicaires, les huissiers, les perruquiers, les jardiniers et *brassiers*, les tailleurs, les *drosseurs* et cardeurs, les tanneurs, les ouvriers à marteau formant la communauté de St.-Éloy, les tisserands, les cordonniers, les *retorseurs*, les charpentiers, les *escardasseurs*, les *blanchers*, les boulangers, les meuniers, les pareurs, les teinturiers, les potiers, les chapeliers et les bouchers, rédigèrent séparément des cahiers et nommèrent des commissaires destinés à former l'assemblée particulière du tiers état de la ville. Si on excepte les corporations des notables, on jugera qu'on était loin de s'occuper alors des affaires publiques : les perruquiers demandaient qu'en conformité de leurs priviléges, leurs boutiques ne fussent fermées les jours fériés qu'avec des chassis de verre ; les jardiniers se plaignaient que des concurrens étrangers étaient exempts de toutes charges, tandis qu'eux mêmes payaient un droit de place ; les charpentiers fesaient valoir que, dans les incendies, ils couraient de grands dangers; les chirurgiens, élevant leur profession à son juste degré d'utilité, voulaient, avec raison, être distingués des artisans; les apothicaires imitaient leur exemple, et tous s'accordaient à demander un allégement dans les impôts.

Les représentans de ces corporations, réunis le 12 mars en assemblée particulière, firent choix à leur tour de six commissaires, et adoptèrent à l'unanimité le cahier des doléances. Ils réclamèrent notamment la périodicité des états généraux, le vote par têtes et non par ordres, la publicité et l'extinction de la dette publique, la liberté individuelle, l'admission de tous les Français aux emplois civils et militaires, la réforme des lois civiles et criminelles, l'abolition de la vénalité des charges, l'administration gratuite de la justice, le renouvellement périodique des magistrats municipaux et des conseillers politiques par les corporations, la révision de la constitution qui régissait les états de la province, la suppression des impôts connus sous les noms de deniers royaux et provinciaux, et la réunion d'une abbaye ou d'un bénéfice à l'hôpital de Limoux.

Ce fut le 16 mars que les assemblées générales de la sénéchaussée se tinrent dans l'église des Cordeliers. Le tiers état élut Messieurs Bonnet de Limoux et Larade d'Alet, la noblesse M. de l'Huilier, et le clergé M. Cauneille, curé de Belvis. Je regrette de ne pouvoir faire connaître l'étendue de leurs mandats (1).

Les états généraux se constituèrent, et de là du bien et du mal. Mon intention n'est point de rapporter les évènemens contemporains; je dirai seulement : ce qui restait des institutions municipales disparut devant les lois nouvelles; durant les horreurs de la révolution, Limoux ne fut témoin d'aucune scène sanglante; avec le retour à l'ordre, son industrie s'éleva au plus haut degré de prospérité, et depuis, l'administration de la ville a marché d'un pas rapide vers les améliorations.

(2) Ces pièces ne sont ni au greffe du tribunal, ni aux archives de l'Hôtel-de-Ville.

CATALOGUE

DES

ÉVÊQUES D'ALET.

1. Barthélemy ou Bertraldo, dernier abbé du monastère d'Alet, fut nommé évêque par Jean XXII, en 1318.
2. Guilhaume de Alsona ou de Marillac, élu en 1333.
2. Guilhaume II, en 1348.
4. Arnaud, évêque de Mirepoix, fut élu évê-d'Alet en 1374.
5. Pierre I.er, évêque de Carpentras, fut élu évêque d'Alet en......
6. Robert de Bois ou de Bore, en 1386.
7. Henri I.er, transféré du siége de Vabres à celui d'Alet, en 1390.
8. Pierre II.

9. Nicolas, en 1400.
10. Henri II, qui occupait le siége en 1409 et qui mourut en 1419.
11. Pierre d'Assalit, né à Limoux, d'une famille honorable, religieux de l'ordre des ermites de St.-Augustin, neveu de Pierre Amélius évêque de Tarente et patriarche d'Alexandrie, son successeur dans les offices de sacristain, de confesseur et de bibliothécaire apostolique, prieur de St.-Martin à Bordeaux, abbé commanditaire de Plane-Sauve, évêque d'Oleron, ensuite de Condon, enfin, à la demande du chapitre d'Alet, évêque de ce siége, dont il fut pourvu par Martin V en 1421, mourut en 1440.
12. Antoine de St.-Étienne, en 1441.
13. Pierre IV siégeait en 1443.
14. Élie de Pompadour, en 1448, transféré à l'évêché de Viviers en 1454.
15. Louis d'Aubusson, en 1454.
16. Ambroise de Comérato ou de Coméraco, en 1455.
17. Antoine Gobert en 1461.
18. Guilhaume Oliva, Oliverii ou Olive, en 1467.

19. Pierre V, en 1478, abdiqua l'année suivante.
20. Guilhaume de Rochefort, recommandable par sa charité, occupa le siége pendant trente ans.
21. Pierre Raymond de Guiert, en 1508.
22. Gilles, en 1525.
23. Guilhaume de Joyeuse, fils de Guilhaume de Joyeuse et d'Anne Balzac, était sur le siége en 1531 et en 1540.
24. François I.er, aumônier de Charles IX, évêque d'Alet en 1560, mourut en 1564.
25. Antoine II d'Acqs ou d'Ax, évêque en 1564.
26. Christophe de Lestang, élu évêque de Lodève en 1581, était évêque d'Alet en 1602, et passa en 1603 à l'évêché de Carcassonne.
27. Pierre de Polverel, en 1603, âgé de trente ans, mourut à Rome, où il était allé solliciter ses bulles.
28. Étienne de Polverel, frère du précédent, fils de Guilhaume seigneur de Trébeyret et d'Antoinette de Lestang, sœur de Christophe, quitta les armes pour occuper le siége d'Alet en 1607.
29. Nicolas Pavillon, né à Paris, fut nommé par Louis XIII évêque d'Alet en 1637,

occupa le siége pendant trente-huit ans, et mourut, à l'âge de quatre-vingts ans, le 8 décembre 1677.

30. Louis Alphonse de Valbelle, élu évêque en 1677, et transféré à l'évêché de St.-Omer en 1684.

31. Victor de Méliand, évêque de Gap, fut transféré à Alet en 1684, abdiqua, à cause de sa mauvaise santé, en 1698, et mourut à Paris en 1713.

32. Charles Nicolas Taffoureau de Fontaines, évêque d'Alet en 1698, mourut, dans son diocèse en odeur de sainteté, au mois d'octobre 1708.

33. Jacques Maboul, évêque en 1708 et prédicateur célèbre, mourut en 1723.

34. François de Bacaud, en 1724.

35. Charles de Lacropte de Chanterac, sacré le 19 juin 1763.

CATALOGUE

DES

CONSULS DE LIMOUX.

1261. Bernardus Raymondi Sartoris, Raymondus Faber de Marcellano, Bernardus de Exociis, Petrus Paute.

1264. Cuillelmus de Cogagno.

1267. Guillelmus Burserius, Petrus Niger, Ramundus de Cornanello, Petrus Terminiis.

1275. Geraldus Aprilis, Arnaldus de Alagnano, Raymundus de Aniorto, Petrus Raymundus Autal, Martinus Brunum.

1277. Bernardus Arnaldus Embrini, Bernardus Amelii, Augustinus Escus, Bernardus Cuelli.

1278. Raymundus Bes, Pons Huc, Bernardus Propis, Bertrandus Gayto, Petrus Arnaldus Caval, Guillelmus Colomb.

1284. Petrus Tras, Johannes de Fonte.

1285. Raymundus Garini.

1289. Petrus de Cornanello.

1291. Petrus Turta, Petrus Bernardus Sale, Arnaldus Raymundus de Arcia, Raymundus Arnaldus Cicardi, Petrus Raymundus Curatio.

1292. Bernardus de Bosco, Guillelmus Assailiti, Petrus Segur, Petrus de Alagnano, Petrus Nigri, Bernard.s Cervelli.

1296. Bernardus Propis, Raymundus Aniort, Raymundus Adalbert de Flaça, Michael Sartre, Arnaldus Dissossas, Bertrandus Guillelmi.

1298. Bernadus Cervelli, Petrus Berenguier, Raymundus Miri, Bernadus Versanini. Pons Maria, Arnaldus Amati.

1299. Petrus de Cornanello, Bernardus de Boscho, Guillelmus Pauta, Arnaldus Amati, Raymondus Garini, Izard Cervelli.

1302. Bernardus Raymundus Sartoris, Bernardus de Courtauly.

1308. Guillelmus Camblieure, Bernardus de Cornanello.

1311. Petrus Seguerii, Jacobus Moria, Bernardus Asterii, Arnaldus Colombi, Arnaldus Amati.

1313. Bernardns Escot.

1314. Petrus Roffiaci, Hugues de Namartre.

1316. Arnaldus Amati, Matheus Seguerii.

1317. Petrus Amati, Guillelmus de Cogagno, Bernardus de Bosco, Guillelm.[s] Asterii, Guillelmus Roffiaci, Bernadus Cernini.

1318. Petrus Amati, Guillelmus de Cambieure, Petrus Vitalis, André de Sancto Andrea, Gerald Fornier, Petrus-Bernardus Pélissier.

1328. Guillelmus Amelii, licenciatus in directis, Franciscus Tougnon, Bertrandus Fournier, Johannes Galard, Antonius Pega.

1329. Bernardus de Nebians, Guillelmus Ascii, Bernardus Got, Guillelmus Roffiaci.

1331. Guillelmus Paute, Guillelmus Asterii, Raymundus Vitalis, Bernardus Cernini, Arnaldus de Puteo, Johannes Martinus de Alayracho.

1332. Guillelmus Asterii, Bernardus de Podio, Arnaldus Seguerii.

1336. Bernardus Guifredi, Petrus Cloti, Ancellus Cervelli, Guillelmus Asterii, Arnaldus Raymundi.

1344. Guillelmus Roffiaci, Jacobus Martini, Ancelmus Cervelli, Petrus de Rupeforti, Philippus de Podio, Guillelmus Asterii.

1353. Petrus de Archis, licenciatus in directis, Guillelmus Roffiaci, Johannes Martini de Alayraco, Ramundus Mathei, Ancelmus Cervelli.

1370. Bertrandus Sartoris, domicellus, Guillelmus Roffiaci, Guillelmus de Sancto Andrea, Philippus Propis, Bernardus Cornu-Taillati, Petrus de Archis.

1382. Petrus Garini, Arnaldus Propis, Arnaldus Cavalli, Franciscus de Sancto Andrea, Bernardus Labeti, Guillelmus Cornanelli.

1384. Arnaldus Ladiniani, Stephanus Gaubert.

1385. Guillelmus Roffiaci, notarius, Arnaldus Narbonne, Joannes Martini de Alayracho, Johannes Bertrandus Fabri, Andrea Sernini, Jacobus Bastardi.

1398. Guillelmus Juliani, Arnaldus Cavalli, Petrus Nicolaï.

1414. Pierre Faure, Guilhaume Tisseire.

1422. Americus Travertii, Folquerius Villefortis, Johannes Turnerii, Michael Mathei, Ramundus Tolsana.

1428. Claudius de Aveleriis, Johannes Gaberies, Johannes Echausses, Stephanus Balot, Bertrandus Lutal, Jacobus Promelle.

1440. Jacobus Supraeccle, Johannes Anglarii, Michael Vastonis, Guiraudus de Leugario, Johann. Roffiaci, Jacobus Valesii. (Le Roi nomma à leur place six commissaires, savoir : Michael Canaverii, Bernardus Juliani, Martinus Fortis, Bernardus Coste, Petrus Paute et Philippus de Ultra.)

1442. Guillelmus Olibe, Petrus Vitalis, Franciscus Supraeccle, Dominicus Amelii, Ramundus Miri, Joha.es Villemartini.

1444. Guillelmus Canaverii, major, Petrus Paute, burgensis, Petrus Larderii, notarius, Michael Vastonis, macellarius, Johannes Andraldi, mercator, Jacobus Valesii, in medicinâ baccalaureus.

1445. Franciscus Supraeccle, Huviardus de Leugario, Bernardus Juliani, Bernardus de Mezerato, Dominicus Amélii, Arnaldus Terrassonis.

1446. Bertrandus de Domonova, in legibus baccalaureus, Petrus Buscailli, notarius, Petrus Arrufati Franciscus Roffiaci, Michael Salvans, Antonius Fortz.

1447. Petrus Vitalis, Jacobus Calmontis, Jacobus Michaelis, Philippus de Ultra, Johannes Bertrandi, Robertus de Valle.

1450. Johannes Androvo, Bernardus Manoel, Bertrandus Rodomo.

1452. Bernardus de Casanova, Johannes Miquel, Petrus Vidal, Johannes Calmontis, Philippus d'Otia, Petrus Richard.

1453. Ramundus Textoris, dominus de Villemartino, Guillelmus Maurini, Petrus Danis, Bernardus de Mezerato, Petrus Arrufati, Johannes Seguierii.

1454. Robertus de Valle, Jacobus Valesii, Johannes Cayroli, Johannes R....., Stephanus Caussonis, Bernardus Senherii.

1455 Johannes de Roderio, in legibus licenciatus, Bernardus Miri, Petrus Olibe,

Bertrandus Rodome, Petrus Seguerii Johannes Gayraudi.

1456. Johannes Roque, Marcus Miri, Guillelmus Larderii, Guillelmus Canaverii, Dominicus Terrassonnis, Arnaldus Baronis.

1457. Amelius de Leugario, Bernardus Cazotas, Jacobus Fels, Jacobus Valesii, Ramondus de Ultra, Franciscus.......

1458. Guinotus Maurini, Johannes Calmontis, Vitalis Bernardi, Arnaldus Propis, Joannes Seuherii, Jacobus Textoris.

1459. Bernardus de Domonova, Arnaldus Assailiti, in legibus licentiatus, Michael de Montaura, Johannes Bernadi, Michael Tolzana et Philippus de Ultra.

1460. Petrus Vitalis, Jacobus Calmontis, Bernardus Senherii, Franciscus de Villamartino, Petrus Peleti, Marcus Supravalesie.

1461. Johannes de Roderio, in leg. lic., Johannes Petrus de Montefalcone, Bernardus Juliani, Petrus Davidis, Franciscus Roffiaci et Guillelmus Tolzana.

1462. Matheus Miri, Guillelmus Canaverii, Petrus Olibe, Raymundus de Valle, notarius, Stephanus Caussonis, Dominicus Terrassonis.

1463. Franciscus Supravalis, Jacobus Felis, Arnaldus Baronis, Amelius de Leugario, Bernardus Miri et Johannes Ros.

1464. Jacobus Valesii, in med. bach, Jacobus Textoris, Johannes Calmontis, Petrus de Fosses, Ramundus Gossi, Campanetus d'Argenti.

1465. Bernardus de Domonova, Arnaldus Assailiti, Johanes Vitalis, notarius, Petrus Arrufati, Arnaldus Propis, Petrus Viguerii.

1466. Jacobus Calmontis, Petrus Pelety, Bernardus Senherii, Joannes Augerii, Marcus Supra-Valesie, major, Johannes Dorta.

1467. Johannes de Roderio, Petrus Davidis, Bernardus Cazotas, Guillelmus de Mezerato, Joannes......., Joannes Beringuerii, major.

1468. Marcus Miri, in leg. bacc., Guillelmus Canaverii, Pontius Olibe, Guinotus Maurini, Dominicus Terrassonnis, Guillelmus Couizani.

1469. Amelius Leugarii, Bernardus Miri,

Jacobus Giberti, Petrus Fabri, Johannes Ruffi, Johannes Vinas.

1470. Johannes Helii, Jacobus Valesii, Bernardus Juliani, Petrus Richardi, Jacobus Fels, Johannes Roffiaci.

1471. Bernardus de Domonova, Arnaldus Assailiti, Johannes Levasseur, Petrus de Veroneto, Deodatus Terrassonnis, Arnaldus Segur.

1472. Jacobus Calmontis, Petrus Pelety, Bernardus Senherii, Petrus de Fosses, Campanetus Dargenta et Petrus Asterii.

1473. Johannes de ...., Johannes Vitalis, Marcus Valesii; Bertrandus Textoris, Johannes Guiraudi, Petrus.......

1474. Petrus Olive, Dominicus Terrassonnis, Ramundus de Valle, Johannes Rissalabra, Petrus Ramundus Andrivi, Marcus.......

1475. Johannes Augerii, Johannes Ruffi, Bernardus Miri, Petrus Fabri, Johannes Pautas et Heliatus Vitalis.

1476. Franciscus de Montefalcone d.s de Rupetaillati, Petrus Baronis, Johannes Carierii, Johannes Olibe, Johannes Gossi, Bernardus Villamartini.

1477. Arnaldus Assailiti, Petrus de Verneto, Arnaldus Roque, Antonius Solage, Franciscus Vitalis, Johannes le Roi.

1478. Petrus Senherii, Petrus Pelety, Johannes Calmontis, Petrus Johannis, Deodatus Terrassonnis, Franciscus Roffiaci.

1479. Johannes de Roderio, Bernardus Senherii, Bernardus Textoris, Ramundus Cayroli, Guillelmus D........, Marcus Maurini.

1480. Bertrandus de Vallis, Johannes Vitalis, Petrus Terrassonnis, Petrus Davidis, Petrus Olibe, Johannes Amelii.

1481. Petrus Johannes de Domonova, in leg. lic., Jacobus Giberti, Johannes Roffiaci, Johannes Dorta, Felix Terrassonnis, Guillelmus Jordani.

1482. Bernardus de Domonova, in leg. lic, Johannes......, Petrus Baronis, Johannes Gossi, junior.

1483. Araudus Assailiti, Franciscus de Montefalcone, Johannes le Roi, Petrus de Veroneto, Antonius Solagii, Dominicus Valesii.

1484. Petrus Senherii, leg. doctor, Petrus Pe-

-leti, Martinus Raboti, Petrus Juliani, Johannes Primas, Franciscus Vitalis.

1485. Johannes de Roderio, lic., Bernardus Senherii, Bertrandus Textoris, Jacobus Ruffi, Arnaudus Augerii, Guilhelmus...

1487. Jacobus Giberti, Petrus Terrassonnis, Franciscus......., Petrus de la Strada, Guilhelmus Jordani, Arnaudus Alberii.

1488. Johannes Gossi, Petrus Davidis, Johannes Assermati, Guilhelmus de Mezaro, Petrus Baronis, Marcus Richardi.

1489. Arnaldus Assailiti, lic., Franciscus de Montefalcone, Johannes le Roi, Petrus de Verneto, Johannes Calmontis, Bertrandus Carrerie.

1490. Petrus Senherii, leg. doc., Antonius Raboti d.s de Pomaribus, Dionisius Valisie, Johannes......, Arnaldus Tolzane, Johannes Maurini.

1491. Johannes Laboyrie, Bernardus......, Ramundus Daude, Nicolas......

1492. Jacobus Raboti, d.s de......, Johannes Lafont, Johannes Gout, Johannes Guiraudi, Johannes Vitalis.

1493. Petrus Raboti d.s de Sto.-Saturnino, Bernardus Guilhelmi, Johannes Bernardi, Campanetus Dentis, Jacobus Maynardi, Franciscus Masilaurenti.

1494. Guilhelmus de Messaro, Bernardus Laboyrie, Johannes Ribaroqui, apothicarius, Stephanus Belissendi, notarius, Jacobus Terrassonnis, Amelius Vitalis.

1495. Franciscus de Montefalcone d[s]. de Rupetaillata, Johannes le Roi d.[s] de Lauraguello, Martinus Raboti d.[s] de Caillavello, Petrus de Verneto, Marcus Richardi, Bertrandus Carrerie.

1496. Guillelmus de Domonova, Johannes..... Arnaudus Delbois, Arnaudus Johannis, Johannes Gossi, Bernardus Bonamat, Antonius Raboti d.[s] de Pomaribus, Johannes Privas, Ramundus Dargenta, Bernardus Vallis, Johannes de Fosses, Michael Terrassonnis.

1501 Arnaudus Assailiti, in leg. lic., Johannes Andrivi, notarius, Johannes Richardi, Johannes.......

1502 Guilhelmus de Domonova, Johannes...., Johannes Carreriis, Marcus Richardi,

1503. Petrus Laboyrie, Matheus Tolose, Felix Bac, Amelius Terrassonnis, Amelius Vitalis, Petrus Carreriis.

1504. Antonius Delbour, Johannes Vitalis, Antonius Peleti, Johannes Malaurentii, Johannes Bonamat, Bartholomeus Fauri.

1505. Guilhelmus Oliva, Petrus Ribas, Guilhelmus de Mosqueto, Petrus Terrassonnis, Johannes Guilhelmi, Michael...

1506. Vitalis Arrufati, Petrus Olive, Marcus Dargenta, Jacobus Maynardi, Antonius Montisregalis.

1507. Antonius Barrileti, Johannes Bernardi, Guilhelmus Bernadus Bonacasa, Antonius Assailiti, Guilhelmus........

1508. Johannes Adrunetis, Johannes Cayroli, mercator, Petrus Juliani, Campanetus Dargenta, Guiraudus Assailiti, Petrus Maurini, (On trouve encore au nombre des consuls de cette année : Petrus Estève).

1509. Guilhelmus de Domonova, Petrus de la Strada, Amelius Vitalis, Pontius......., Johannes Lafontis, Petrus........

1510. Pierre Dents, Jacques Nissalabre, Mathieu Tholose, Jean Maslaurens, Jean Vital, Nicolas Saury.

1512. Jean Carte, Michel Mahe, Jean de Fosses,

Marc d'Argente, Pierre Aostenc, Antoine Bar.

1514. Bernardus de Fonte, leg. professor, Campanetus Dentis, Petrus Juliani, Guilhelmus Faure, Geraldus Assailiti, Johannes Tolza.

1515. Marcus Ferverii, Johannes Cassauls, Johannes Bernardi, Guilhelmus Pyg..., Johannes Leutardi.

1516. Petrus Labory, Franciscus Maslaurens, Antonius Montisregalis, Johannes Campanetus.

1517. Pierre Fabre, Pierre Azam, François Maslaurens, Jean......, Pierre.......

1518. Barthélemi du Vernet, Amiel Reg ou Rech, Jean Labory, Jean Lieutard, Pierre Montagné, Pierre Guilhem.

1520. Antoine Barilles, Pierre Ribas, Guilhaume Fabre, Jean Piroard, Pierre Laborie.

1521. Martin du Vernet, Michel Mabe, François Aveilla, Marc Dargente, Amiel Vidal, Pierre de la Borde.

1522. Jean Dargente, Vidal......, Arrufat......, Pons......, Jéhanson.......

1523. François Maslaurens, Jean David, Pierre

de Rives, André Duffis, Guiraud Assailit.

1524. Jean Durand, Jean Tolza, Félix Terrasson, Jean Vidal, Jean Gallier, notaire.

1525. Simon Rech, Jean Gailhard, Jean Bonnet, Arnaud.......

1526. Pierre deu Mags, Pierre Belissens, notaire, Pierre Pey, Pierre Rogier, Antoine Assailit et François Senier.

1527. Guilhaume de......., Jean Laffon, Jean Cayrol.

1528. Pierre Aurramat, Amiel Tisseyre, François Aveilha, François de Maslaurens.

1529. Pierre Foissier, Reig......, Pierre Pey, Antoine Carriere, Antoine Assailit, François Senié.

1530. Jean de Maslaurens, Barthélemi du Vernet, Guilhaume Assermat, Pierre de la Borde, Guilhaume Maynard, Michel Viguier.

1531. Me de Leugario, Martin du Vernet, Jean Cayrol, Jacques Costa, Jean Julien, Philippe Terrasson.

1532. Antoine Barrillet, Pierre Douhon ou Douion, Arnaud de Gleiza, lic. en d.,

Bernard Senier, d.r ez droit, Bertrand Carrière et Barthélemi Begou.

1533. Guilhaume de Domonova, lic. en d., François Senier, Guilhaume de Gas, Pierre Rougier, Gerald Assailit, Antoine Ribas.

1534. Antoine Laffon, Pierre Mahe, Jean Martin, Jean Gleize, Bernard Trinchan et Jean Aoustenc.

1535. Guilhaume du Puy, d. ez droit, Barthélemi Rogier, Pierre Aosteng, Antoine Martin, Pierre Sabatier, Antoine Viguier, (Pierre Laffon et Pierre Pega, se trouvent aussi au nombre des consuls de cette année.)

1536. Jean de Maslaurens, lic. ez lois, Jacques Assailit.

1537. Antoine Baille, bach ez lois, Jean Azam, Barthélemi de Maslaurens, Guilhaume Assermat, Barthélemi Estienne, Bernard Trinchan.

1538. Bernard de Domonova, bach ez lois, François Reg, Jean Julia, Guilhaume Marty, Guilhaume Gely, Arnaud Brino.

1539. Bernard Senier d. ez lois, Jean Alegnau, Pierre Mahe, Bernard Saury, Pierre Duran, Antoine Restan, (on y voit figurer aussi, Jacques Gayraudi.)

1540. Barthélemi Foissier, François Martin, Alen Azam, Pierre Rogier, Mathieu Leotard, et Pierre Laborde.

1541. Guilhaume Pech, d. ez d., Barthélemi Martin, Guiraud Vesian, François Malaurens, Pierre Douhou et Jean Viguier.

1542. Gabriel Bénevent, bach en d., Bertrand Carrierre, François Mahe, Mathieu Planche, Jacques Assailit, Philippe Terrasson.

1543. Antoine Baille, bach. en d., Antoine Ribes, André Ferrandi, notaire, Barthélemi Maslaurens, Bernard Trinchan, Barthélemi Estienne.

1544. Martin Barte, notaire, Gaspard Gelly, François Duffis, Campanet Dent, Pierre Rech.

1545. Bernard Serus, d. en d., Antoine Rougé, Guilhaume Arrufat, Jean Assermat, Antoine Fite, Antoine Lieutard.

1546. Pierre Cayrol, lic. en d., Barthélemi Fontaine, ... Latour, Pierre Rougé, Mathieu Lieutard, Bernard Saury.

1547. Denis Dupuy, lic. en d., Alen Azam, Antoine Laffon, Jean Montaud, Jean Geniés, Pierre de las Bordes.

1548. Jean Carrière, bach en d., Jean Olive, Bernard Fornier, Jacques Assailit, Philippe Terrasson, Jean Viguier.

1549. Jean Rogier, bach en d., Guilhaume Delgua, Pierre Rive, Guilhaume Fabre, Antoine Pega, Pierre Eschausse.

1550. Antoine Baille, bach. en d., François de Rougier s.r de Malras, Barthélemi Martin, Antoine Ribes, Guilhaume Gelly, Bernard Trinchan.

1551. Bernard Senier, d. en d., Antoine Rougier, Barthélemi de Maslaurens, An-Antoine Rech, Jean Baron, Antoine Alaux.

1552. François Mahe, Jean Assermat, Bernard Saury, François Douhou.

1553. Alen Pech, lic. en d., Jean Assermat, Barthélemi Estienne, Jean Joulia, P.re Belissens, Antoine Gave.

1554. Jean Carrière, bach. en d., Jean de Malaurens, Martin Laffon, Antoine

Ytié ou Othié, Jacques Assailit, Jacques Castel.

1557. Nicolas Amiel, d. en med., Martin de Barrillet s.r de Caux, Antoine Dassermat, s.r de St.-Martin-Villereglan, Gabriel Mousou, Antoine Leotard, Bernard Trinchan.

1558, Guilhaume Aveilla, lic. en d., François Douhou, Bertraud Fornié, Jean Galard, Antoine Pega, Jean Geniés, (élus à Malras à cause de la peste.)

1560. Bernard Senier, d. en d., Guilhaume Delgua, Pierre Vitalis, Barthélemi Étienne, François Ribes, Barthélemi Martin.

1561. Pierre Cayrol, lic. en d., François Rech, Jean Azam vieux, Adrien de Monfaucon, Jacques Assailit, ... Rousset.

1562. M.e de Navarre, bach. en d., Antoine Ytié, Barthélemi Gout, ... Joulia, Pierre Saurin.

1565. Jean Gatala, Barthélemi Gleize, Pierre Calve, Jacques Eschausse, Antoine de la Borde, Bernard Rivière.

1566. François Douhou, François Martin,

Jean Calveria, notaire, Pierre Vignols, Jean Senié, Philippe Terrasson.

1567. Jean Delgua, Bertrand Fournié, Jean Rivière, Jean Assermat, François Baille, Antoine Leotard.

1568. Jean de Malaurens, Pierre Pelet, François de Aveilhan, Jean Vaquié, Antoine Assailit, François Baron.

1573. Arnaud de Costa, Jean Assermat, Jean Delgua, Arcis Madiere, Antoine Eschausse.

1578. Pierre Belissens, Barthélemi Gleize, Jean Calveria.

1579. Joseph Baille, lic en d., Barthélemi Fontaine, Jean Pech, Jean Marcelin, François Baille, François Douhon.

1580. Jean Carrière, bach. en d., Pierre Laffon, Pierre Azam, Pierre Olive, Antoine Eschausse, Pierre Belissens.

1581. Jean Benoit, lic en d., François Ville-Martin, François Dent, Pierre Salvat, Antoine Leotard, Jean Terrasson.

1582. François Fournier, d. en d., Jean de Malaurens, Arnaud Madiere, Barthélemi Assermat, Jean Rech, le capitaine Guilhaume, Jean......

1583. Antoine Dupuy, bach en d., Denis Raneze, notaire, le capitaine Antoine Faure, Pierre Marty, Guilhaume Azam, Barthélemi Trinchan.

1584. Pierre Cassiel, notaire, Pierre Dupont, Bernard Bertrand, Salomon Pujol, Pierre Prax.

1586. Pierre Gibelin, Claude Galier, Jean Saury, François Douhon, Pons Vidal, François Vidal.

1587. Pierre Cayrol, Jean Rech, Jean Dargente, Jean Piroard, Arnaud Eschausse, Jacques Laffon.

1596. Charles Vesian, d. en d. Alen de Malaurens, Pierre Vidal, Pierre Rességuier, Jean Cedou, Jean Theron.

1597. Antoine de Murat, Jean-Guilhaume Privat, Pierre Maynard, Antoine Dégua, Arcis Madiere, François Fournier, d.r

1598. Godefroi de Negraveze, d.r, Guilhaume Piroard, Jean Dupuy, Jacques Bignon, Guilhaume Molis, Antoine Chaniol.

1602. Jean de Mauriac, d. en med., Alen de Malaurens, Jean Dupuy vieux, Jacques Laval, Pierre Coste, Guilhaume Besondes.

1603. Barthélemi Calve, d.r, Pierre Fabregue, Jacques de Benavent, Jean Martin dit Lauraguel, Guilhaume Vidal, Guilhaume Daragnac.

1604. Pierre Barthe, d. en d., Jean Amalric, Antoine Sabatier, Jean Mareilles, Arnaud Echausses.

1605. Jean Prochette, Claude Truillet, Géraud Vergé, Barthélemi Navarre, François Pujol, Barthélemi Barrière.

1606. Guilhaume Mercadier, lic. en d., Antoine de Murat, François Baron, Roger Cathala, Jacques Peyre, Pierre-Paul Saurine.

1607. Charles Huleau, François Cayrol, André Piroard, Pierre Vivens, Guilhaume Valette et Barthélemi Carbou.

1608. Antoine Mercadier, Jacques Theron, Arnaud Pujol, François Casteras, Jacques Faure, Guilhaume Sonnailh.

1609. Jean de Maslaurens, Barthélemi Gleize, Guilhaume Ferriol, Mathieu Leotard, Jean-Antoine Bringuier, Pierre de Benavent.

1610 Pierre Bergogne, Michel Prochette, Alen Folquier, Jean Prami, Claude Cholat, Jacques Banidés.

1611. Jacques Dazam, François Cayrol, Pierre Courtines, Pierre Echausses, Jacques Degua, Antoine Alquier.

1612. Barthélemi Calve, Antoine de Murat, Bernard Barthe, Jacques Peyre, Claude Arnal, Guilhaume Sauvage.

1613. Étienne Fores, Guilhaume Piroard, Jacques Gaves, Jacques Campignol, Guilhaume Besonde, Antoine Franc.

1614. Jean Sauvage, Bernard Foix, Antoine Duston, Jacques Faure, Jean Rousset, Antoine Bardou.

1615. Guilhaume Mercadier, David Dazam, Barthélemi Rigail, Jean Joulia, Jean Gayraud, Antoine Grizou.

1616. Jean de Mauriac, Notaire, Guilhaume Vesian, Pierre de Resseguier, Arnaud Pujol, Roger Cathala, Pierre Salles.

1617, Jean Roland, Jacques Canal, Guilhaume Ferriol, Pierre Pemage, Antoine Dégua, Antoine Pujol.

1618. Jacques Dazam, Jacques de Benavent,

François Piroard, Pierre Leotard, Jean Semene, Jean Batailhe,

1619. François de Vesian, Bernard Pinhal, Jacques Dégua, Pierre Eschausse, Pierre Calas, Barthélemi Boyé.

1620. Jean Dupuy, Mathieu Dazam, Jacques Martin, Pierre Echausses, François Tournier, Pierre Banides.

1621. Pierre de Costa, Etienne Alverny, Pierre Fores, Antoine, Assailit, Paul Martin, Claude Alaux.

1622. Pierre Barthe, Jean Piroard, Antoine Duston, Piérre Bessières, François Terrasson, Ramon Vilhas.

1623. Etienne Fores, Arnaud Pujol, Jacques Gaves, Paul Dégua, Jean Rousset, Antoine Bardou.

1624. Jacques Nerveze, Bernard Olive, Barthélemi Denti, Pierre Antoine Guis, Pierre Leotard, Barthélemi Castel.

1625. François de Vesian, Bernard Barthe, Ramon Fabre, Jacques Seguy, Barthélemi Fedié, Germain Pratz.

1626. Marc Antoine Dupuy, receveur, Charles d'Azam, Barthélemi Rigal, Pierre Olive, Jacques Aostenc, Jean Banides.

1627. Jacques Peyre, Germain Calve, Arnaud Fornier, Barthélemi Boire, Salvi Vidal, Barthélemi Barrière.

1628. Pierre de Benévent, d. av., Guilhaume Piroard, Antoine Barthe, Jean-Paul Roques, Jacques de Bédebourg, Guilhaume Garrigue, (élus devant M. Calmètes, conseiller, député par le parlement.)

1629. Charles Huleau, Barthélemi Duston, François Denty, Jacques Faure, Antoine Dégua, Pierre Banides.

1630. Pierre Bergonhe, d.r en d., Arnaud Dupuy, Raymond Bousquet, Pierre Sirven, André Sabatier, Jean Eychalabre.

1631. François de Vesian, s.r de Lansac, d.r en d., Jacques de Bénévent, Bertrand Fornier, Jacques Barthe, François Ayméric, Raymond Billard.

1634. Jean Dupuy, d.r av., Baptiste d'Azam, s.r de Colomiés, Michel Martin, Jean Dégua, Raymond Cassaigneau, Jean Echausse.

1635. Pierre Calve, d.r av., François Cayrol, Jacq. Peyre, Jean Marre, Franç. Malet.

1644. Charles Huleau, d.r av., Antoine Dupuy, François Malviés, Jean Pranny, Jean Vignals.

1648. Denis Godefroid-de-la-Cour, av., Pierre de Malaurens, Jean Leotard, Pierre Chaulat, Jean Antoine Bringuier.

1649. Antoine Dupuy, d.r, Jacques Forès, écuyer, François Martin, bourgeois, Pierre Echausse, Jean Dégua, Etienne Vidal.

1662. Étienne Dalverny, s.r de Peyralade, d.r av., Antoine Romieu, Bernard des Champs, Jean Eychausse, Bernard Cuguilhère.

1663. François Ignace de Cayrol, d.r, Pierre Pratz, Pierre Laurifeuille, Jean Vidal, Barthélemi Rogier, Martin Perry.

1664. Pierre Dupuy, d.r, Étienne Forès, Guilhaume Mollié, ... Gos, ... Comes, ... Hadrien,

1665. Antoine Pratz, d.r, Jean Sauvage, Guilhaume Cassiels, Jean Dedieu, Jean Barrière, Jean-Antoine Malot.

1666. Jean Sirven, Jean Grisou, Jean Bentajou, Jean Pierre Milheau, Jean Azam.

1667. Pierre Martin, d.r, Arnaud Hulleu, Pi.re

Guyer, Antoine Fonds, Jean-Jacques Martres, Esprit Lambert.

1668. Thomas d'Esprit, d.r av. François Boyer, Pierre Coste, Antoine Grizou, François Garriguet, Esprit Vidal.

1669. François Ignace Cayrol, d.r av., André Sabatier, Bernard Barthe, Jean Blancard, Jean Vidal.

1670. Antoine Peyre, d.r, Pierre Mauriac, Dominique Gos, Louis Daude, Raimond Azam, Pierre Delmas.

1671. Etienne Dupui, s.r de Pomy, d.r, Pierre de Malaurens, François Sauvage, Jacques Dedieu, Jean-Pierre Salles, Guilhaume François.

1672. Samuel Dalverny, d.r, Guilhaume de Vesian, François Jalabert, Jean Espa, André Vigié, Pierre Pechmarty.

1673. Etienne Dalverny, s.r de Peyralade, d.r av., Charles Fores, Bernard Bez, Pierre Germain, Rémy Combes, Jean Autagnac.

1674. André Dupuy, Sieur de Capiés, François Poulhariés, Pierre Bessière, Antoine Romette, Pierre Grisou, Pierre Pouder.

1675. Antoine Barthe, d.r, François Boyer, Bernard Seguy, Jean Bousquet, Guilhaume Pejari, Jean Pierre Bauzel.

1676. Antoine Martin, d.r av., Gabriel Négraveze, Pierre Begou, Raymond Azam, François Grizou, Pierre Mathieu.

1677. Pierre Hulleu, d. av., Jean Sirven, Louis Daude, Jean Blancard, Vincent Deumier, Raimond Jean.

1678. .... Dupuy, ... Clercy, ... Lafoy, ... Lafilhe, ... Pouneille, ... Roques.

1680. Bertrand Rustaing, Paul Barthe, Germain Banides, Antoine Rouch, Jean Delguilhem, Jean Banides.

1681. Jean Dalverny, s.r de Peyralade, av., Antoine Andrieu, Pons Gieules, Michel Lacasse, Pierre Pechmarty, Jean Garrigue.

1682. Jean Forès, d.r av., Pierre Dégua, Barthélemi Barrière, Pierre David-Roux, François Grisou, Antoine Roudel.

1683. Bernard Barthe, av., Pierre Roques, Antoine Lasserre, Jean Espa, Jean-Pierre Bauzel, Guilhaume Garriguet.

1684. Jean le Moine, Gabriel Negraveze,

Étienne Boire, Marc Gastou, Jacques Martres, Guilhaume-François.

1685. Pierre Delpoy, d.r méd., Jean Sauvage, Jean Cabrol, Louis Salva, Jean Vidal.

1686. Antoine Martin, av., Charles Hulleu, Jacques Fonds, Bernard Seguy, Pierre Perrin, Volusien Jean.

1687. Paul Barthe, av., Germain Pratz, Pierre Michel, Jean Brus, Jean Dupont, Arnaud Vidal.

1688. Étienne-Marc Dalverny, av., Germain Banides, Dominique Gos, Raymond Azam, Jean Gelly, Raymond Bouigues.

1689. Jean Viguier, d.r ez d., Guilhaume de Vesian, Esprit Vasserot, Mathieu Cherreau, Joseph Tronc, Pierre Marre.

1690. Jean Delpoy, d.r en d., Antoine Andrieu, Jean Espa, Pierre St.-Père, Nicolas Déjean, Jean Autagnac.

1691. Thomas Calve, av., Gabriel Negravese, Jean Miegeville, Jean Bousquet, François Faure, Raymond-Jean.

1692. Raymond de Pratz, av., Jacques Cholat, Barthélemi Barrière, Jacques Clotes, Géraud Boyer, Laurent Cabardès.

1693. Marc Antoine de Peyre, maire. — Les mêmes consuls que l'année précédente.

1694. Pierre Huleau, av., Louis Poulhariés, François Teisseyre, Antoine Trinchan, procureur, Pierre Perrin, Marc Tournier.

1695. Ignace Boyer, d.r, Bernard Captier, Bernard Romette, notaire, François Grizou, Jean Gelly, Jean-Pierre Garrigue.

1696. Hyacinthe Sicre, d.r av., Arn.d Echausse, Louis Fabet, Pierre Bataillé, Pierre Azam, Louis Delpoy.

1697. Claude Alaux, d.r av., fesant les fonctions de maire, Pierre Fonds, Claude Ramel, Pierre Pellatier, Nicolas Déjean, Pierre Bot.

1698. Antoine Barthe, av., fesant les fonctions de maire, Jacques Fournier, Bertrand Biscaye, Guilhaume Pouneille, Jean Sérié, Damiel Valla.

1699. Les mêmes que l'année précédente.

1700. Jean-Jacques de Prochettes, d. av., fesant les fonctions de maire, Jean Amalric, Paul Echausse, Jean Ribatou, Pierre Grizou, Antoine Boyer.

1701. Jean Dalverny, s.r de Peyralade, av.,

maire, Martin Andrieu, Jacques Dominique Castel, Jean Fournil, Arnaud Cuguilhère, Guilhaume Martin.

1702. Pierre Baron, d.r av., Voluzien Boyer, Esprit Vasserot, François Martres, Marc Tournier, Bernard Caissac.

1703. Hyacinthe Sicre, fesant les fonctions de maire, Grégoire Cayrol, Guilhaume Senié, Louis Vert, Pierre Valla.

1704. Jacques Clercy, fesant les fonctions de maire, Jean Gary, Bernard Doutre, Pierre Taillan.

1705. Etienne-Marc-Dalverny, f. f. de maire, Joseph Delmas, Antoine Trinchan, Bernard Jalabert, François Arnaud, Jean Ginié.

1706. Louis Poulhariés, f. f. de maire, Pierre Pellatier, Jean Maurel, Pierre Azam,

1707. Thomas Calve, d.r av., f. f. de maire, Jean Sérié, Pierre Grisou.

1708. Jean Amalric, f. f. de maire, André Laureaux, Pierre Bardou.

1709. Jean-Joseph Jalabert, f. f. de maire, Arnaud Vidal.

1710. Prudent de Nuizement, f. f. de maire, ... Cherreau, Ribes, Jean Eschausses.

1711. Jacques Clercy, f. f. de maire, Jean-Charles Huleau, Pierre Ribes, Guilhaume Revel.

1712. Jacques Clercy, f. f. de maire, Claude Ramel, Pierre Ribes, P.-Jean Alcouffe.

1713. Jacques de Cassaigneau, maire perpétuel, Jacques Clercy, 1.er c. Pierre Conquet, Pierre Ribes.

1714. Jacques Clercy, 1.er c., Joseph Vasserot, Pierre Ribes, Durand.

1715. Joseph Vasserot, 1.er c., Pierre Ribes, Louis Vert, Honoré Sermet.

1716. Joseph Vasserot, 1.er c., Jean Duston, Pierre Ribes, Jacques Barrière.

1717. Joseph Vasserot, 1.er c., Jean Trinchan, Pierre Ribes, Antoine Labatut.

1718. Hyacinthe-Honoré de Peyre, av., 1.er c. François de Negraveze, Jean Pratx, Bernard Guilhem.

1719. Joseph Vasserot, 1.er c., Jean-Charles Huleau, Pierre Ribes, Jean Crozet.

1720. Jean Dalverny, s.r de Peyralade, av. 1.er c., Joseph Barthe, Joseph Brunet, Bernard Caissac.

1721. Joseph Vasserot, 1.er c., Marc-Antoine Pratx, Pierre Ribes, Bertrand Pejavy.

1722. Pierre Fonds, 1.er c., François Fajol, Pierre Bataillé, Louis Bert.

1723. Joseph Vasserot, 1.er c., François Grizou, Pierre Ribes, Jean Castan.

1724. Dominique Saurine, Antoine Pratx, Vidal, droguiste, Vidal, cardier.

1725. Joseph Vasserot, 1.er c., Mathieu Rouch, Pierre Ribes, Jean Rouzeaud.

1726. François de Negraveze, 1.er c., Jean Hulleu, Jean Vidal, Pierre Vidal.

1727. Joseph Vasserot, 1.er c., Pierre Fortacy, Barthélemi Florence, Pierre Ribes.

1728. Alexis Peyre, avocat, Pierre Aostenc, Jean-Pierre Gelly, Joseph Bardou.

1729. Marc-Antoine Prax, Jacques Viguier, Charles Garriguet, Jean Gentil-Baichis.

1730. François Clercy, doct. méd., François Mouisse, Louis Vert, Jean Trinchan.

1731. Jean Duston, 1er. c., Joseph Prax, Arnaud Eschausse, Guilhaume Chapelle.

1732. Jean-Dominique Saurine, av., Martin Pratx, Antoine Bardou, Éloi Bonnet.

1733. Jacques Andrieu, 1.er c., Guilhaume Groc, François Laboury, Jean Labatut.

1734. Amans Dauxion, d. m., Hierome Fonds, Louis Roudel, Pierre Doumerc.

1735. François Vasserot, maire perpétuel. Les mêmes consuls que l'année précédente.

1736. François Lafon, maire alternatif, et les mêmes consuls que les deux années précédentes.

1737. Antoine Lassale, lieutenant de maire, François de Negraveze, Hierome Fonds, Pierre Charpentier, Pierre Doumerc.

1738. Hyacinthe-Honoré de Peyre, maire perpétuel, François Fajol, Joseph Boyer, Henri Séguier, Jean-Jacques Delpech.

1739. François Clercy, méd., Pierre Vésian, Charles Fabre, Mathieu Mouginou.

1740. Charles Huleau, Ignace Delmas, Dominique Roudel, Jean-Pierre Roques.

1741. Dominique Saurine, Pierre Delcasse, Pierre Charpentier, Bernard Péjavy.

1741. François Négraveze, Jean Andrieu, Fr.s Nougairol, Jean Arnaud.

1743. Jean Andrien, Jean-Pierre Villac, Jean Arnaud, Dominique Sauriac, av. (Ils conservèrent leurs charges jusqu'au mois de juin 1752.)

1752. Dominique Escaich, Jean Duston, Jean Pierre Villac, Mathieu Mouginou.

1753. Jean Andrieu, Bernard Viguier, Jacques Mellis, Mathieu Mouginou.

1754. Dominique Escaich, Jacques Delmas, Jean-Pierre Villac, Mathieu Mouginou,

1755. Jean Andrieu. (Les mêmes consuls que l'année précédente.)

1756. Jean Andrieu, Jacques Roques, Raimond Clausade, Jean Tailhan.

1757. ...... Bonnet, ... Huleau, ... Villac, ... Bernard.

1758. Dauxion, lieut. de maire, Guittard, Roux.

1759. Joseph Boyer, François Négraveze, Jean-Pierre Villac, Jean Gentil-Baichis.

1760. Jean Andrieu, Étienne Cayrol, Jean-Gabriel Alcouffe, Maurice Espardellier.

1761 Dominique Escaich, Martin Prax, J.-P. Villac, Mathieu Rouch.

1762. Jean Andrieu, Antoine Fonds, Joseph Vidal, Gabriel Vives.

1763. Jean Duston, Jean-Jacques Andrieu, J.-P. Villas, Duran, orfèvre.

1764. Maguelonne de St.-Benoit, maire perp.el, Jean Andrieu, Fonds Montmaur, Jacques-Ant. Ribes, n.re, Soubils, doreur.

1765. Dominique Escaich, lieut. de maire, Dauxion, Villac, Jean Trinchan.

1766. Paul Pratz, lieut. de maire, Delcasse, Arnaud Salles, Castaing, horloger.

1767. Cassaigneau de St.-Gervais, Sermet, Lafon père, Balla, blancher.

1768. Fonds Montmaur, Clercy, M. Gellis-Villeneuve.

1769. François Bonnet, av., Germain Rouch, Raymond Guittard, Antoine Alquier.

1770. Jacques Roques, Jean-Pierre Chalabre, Noyez, Castillou, chirurgien.

1771. Jacques Captier, Astruc fils, Guittard, Joly Marignac.

1772. Jacques Delmas-Carla, Paul Homps, Arnaud Salles, Jacques Pechmarty,

1773. et 1774. Mêmes consuls que l'année précédente.

1775. Raymond Ribes, Hyacinthe Delmas-Savignac, Guittard, Louis Majou.

1776. Raymond Ribes, Hyacinthe Delmas, Guittard, Hortoul.

1777. Raymond Ribes, Hyacinthe Delmas-Savignac, Th. Vidal, Hortoul.

1778. Raymond Ribes, Barthe Delcasse, Th. Vidal.

1779. Delmas-Savignac, Barthe-Delcasse, Laffon, J. Geoffroi.

1780. Delmas-Savignac, Barthe-Delcasse, Laffon, Hugues, tanneur.

1781. Jacques Roques, Jean-Jacq.es Andrieu, Mir, Hugues, tanneur.

1782. Jacques Roques, Jean-Jacq.es Andrieu, Mir, Alquier.

1783. Louis Barthe, ch. de St.-Louis, Jean-Jacques Andrieu, Gabriel Rolland.

1784. Louis Barthe, ch. de St.-L., Léon Laboissonnade, Gabriel Rolland, Cuguillère.

1785. Louis Barthe, ch. de St.-L., Léon Laboissonnade, Henri Majorel, Cuguillère.

1786. Louis Barthe, c. de St.-L., Léon Laboissonnade, Henri Majorel, Jean Geofroi.

1787, Antoine Barthe-Delcasse, Martin Andrieu, Guyot, Jean Geoffroi.

1788. Antoine Barthe-Delcasse, Martin Andrieu, Guyot, Jean Rougé.

1789. Antoine Barthe-Delcasse, Martin Andrieu, Gabriel Labatut, Jean Rougé.

FIN.

ERRATA.

Pag. III, ligne 16, *Malet* : lisez *Molet.*
Pag. IX, ligne 19, *des* : lisez *de.*
Pag. 9, ligne 24, *construction* : lisez *constructions.*
Pag. 26, note 1, ligne 9, *cum ego* : lisez *cùm ergo.*
Pag. 29, ligne 1, *droit* : lisez *droits.*
Pag. 34, ligne 6, après *ugonenses* : ajoutez *et.*
Pag. 103, note, ligne 4, 1365 : lisez 1356.
Pag. 111, note, ligne 2, *tan* : lisez *tais.*
Pag. 141, note, ligne 15, 1835 : lisez 1356.
Pag. 193, ligne 21, *dédute* : lisez *député.*
Pag. 222, ligne 1, *des* : lisez *les.*
Pag. 228, ligne 2, *Baucaire* : lisez *Beaucaire.*

TABLE.

www.ingramcontent.com/pod-product-compliance
Ingram Content Group UK Ltd.
Pitfield, Milton Keynes, MK11 3LW, UK
UKHW021904260726
13966UKWH00006B/473